발음을
부탁해

발음을 부탁해 실전편

| 1판 1쇄 | 2020년 8월 3일 |
| 1판 4쇄 | 2021년 8월 30일 |

지은이	샤론 강
책임편집	박새미
편집	정소이 유아름
디자인	김진영 김수진
마케팅	김보미 정경훈

브랜드	샤론샤인북스
펴낸곳	(주)롱테일북스
출판등록	제2015-000191호
주소	04033 서울특별시 마포구 양화로 113(서교동) 3층
홈페이지	www.sharonshine.com

ISBN   979-11-86701-86-7 14740

샤론샤인북스는 (주)롱테일북스와 함께하는 브랜드입니다.

이 도서의 국립중앙도서관 출판예정도서목록(CIP)은 서지정보유통지원시스템(http://seoji.nl.go.kr)과 국가자료종합목록 구축시스템(http://kolis-net.nl.go.kr)에서 이용하실 수 있습니다. (CIP제어번호: CIP2020029128)

실전편

모두를 위한 빛나는 영어!

발음을 부탁해

샤론 강
Sharon Kang
지음

SHARON SHINE
BOOKS

영어 발음이요?
늦어서 안 되는 게 아니라,
몰라서 못 한 것뿐입니다.

4차 산업의 시대, 인터넷과 AI가 지구상의 모든 사람들을 더 밀접하게 연결해 주면서, 우리에게도 영어는 생활의 소통 수단이 되어 가고 있습니다. 교육 현장에서도 영어로 진행되는 수업을 쉽게 찾아볼 수 있고, 인터넷 쇼핑도 전 세계 웹사이트를 돌며 자신의 취향에 맞는 물건을 찾아 직접 구매합니다. 온라인에서 세계 여러 나라 사람들과 영어로 소통하며 사고의 지평을 넓히기도 하지요. 이러한 영어의 생활화 속에서 외국어인 영어를 대하는 우리의 기본자세를 한 번 더 되짚어 볼 필요가 있습니다. 저는 이 책을 통해 한국인이 쉽게 배울 수 있지만 아무도 가르쳐 주지 않았던 영어의 진짜 소리를 찾아 드리려고 합니다.

기본적으로 우리는 소통을 위해 영어를 배웁니다. 영어를 쓰는 사람들과 말을 하려면 일단 들려야 하고, 정확하게 전달해야 합니다. 이를 위해서는 정확한 발음을 알고 사용할 수 있어야 하지요. 어떤 사람들은 의사전달만 하면 발음은 상관없다고 말하기도 합니다. 하지만 정확한 소리를 배우기만 하면 쉽게 소통할 수 있는데도 굳이 상대방의 "Pardon me?" 소리를 들어 가며, 주눅들어 가며 의사 전달을 해야 할까요?

영어는 감으로 읽는 언어가 아닙니다. 각 단어에 고유의 소리가 있고, 그 소리대로 말하지 않으면 의사소통이 불가능합니다. 각 나라의 억양이요? 네, 물론 있습니다. 하지만 수많은 영어의 억양 역시 소통이라는 목적을 벗어나지 않습니다. 싱가포르, 인도, 홍콩, 나이지리아 등의 국가에서는 영어가 공용어로 사용되면서 그 나라 특유의 억양이 만들어졌고, 그게 그들의 영어가 되었습니다. 그들의 '다른 억양'에도 특정한 규칙이 있고, 그렇기 때문에 소통하는 데 지장이 없는 것입니다. 반면 한국에서 배우는 영어는 공용어가 아닌 외국어입니다. 외국어로서 영어를 배우는데, 표준 영어 소리를 먼저 받아들이고 그걸 가르치는 것이 맞지요.

소통이 가능한 소리 코드의 범주 안에서 정확히 읽고 말해야 한다는 점에 동의하셨다면, 이제 여러분은 영어를 외국어로 배우는 입장에서 가장 보편적인 양대 산맥으로 여겨지는 영국 발음이나 미국 발음을 선택하시면 됩니다. 한국어를 처음 배우는 외국인에게 아무도 경상도 사투리로 한국어를 가르치지 않는 것처럼 말이죠. 영어의 기본 소리를 배우고 나면 세계의 수많은 영어 억양들은 자연스럽게 체득할 수 있다고 저는 자신 있게 말씀드립니다. 저도 음소 공부를 하고 나니 예전엔 그토록 들리지 않았던 인도 영어와 나이지리아 영어를 100% 알아들을 수 있게 되었으니까요.

저도 미국에서 고등학교에 다니던 시절, 억양으로 고민한 적이 있었습니다. 저는 저대로 잘하고 있다고 생각했지만 친구들은 제게 한국식 억양(Korean accent)이 있다고 했습니다. 놀리는 것이 아니라 자신들과 다른 억양이 귀엽다는 말이었지만, 저는 그 말을 듣는 것이 너무나 싫었습니다. 노력을 거듭하여 유학 생활 막바지에는 저도 원어민과 흡사한 발음을 구사

할 수 있게 되었고, 몇 년 후 하버드 대학원 휴학 중 한국에서 영어 학원의 청취 강의를 시작하게 되었습니다. 우연히 발을 딛게 된 영어 교육의 현장에서 저의 궁금증은 더욱 커졌습니다. '왜 한국 학생들은 청취 능력이 늘지 않고, 발음도 달라지지 않는 것일까?' 진지하게 고민하던 중, 근본적인 부분에 원인이 있음을 알게 되었습니다. 바로 기본 소리 자체를 인지하지 못하고 있다는 것이었죠.

영어가 들리지 않는다고 해서 계속 듣기만 하는 것은 해결책이 될 수 없습니다. 기본 소리를 알아야 흉내라도 낼 수 있지요. 흉내가 거듭되면 정확한 소리를 찾을 가능성이 커집니다. 수많은 어휘를 알고 있어도 정작 그 표현을 입으로 말할 때 정확한 소리가 나지 않는다면 전달력이 현저하게 떨어집니다. 영어는 소리의 언어입니다. 읽고 쓰는 용도로만 전락한 라틴어가 아닙니다. 하지만 영어를 라틴어처럼 쓰는 한국인이 아직도 많습니다. 물론 여러분의 잘못이 아닙니다. 문제는 아무도 영어의 기본 소리를 제대로 가르쳐 주지 않았다는 것, 그리고 대학에서 음성학 정도는 전공해야 음성학 원서를 접하고 소리를 이해할 수 있다는 점에 있습니다. 국내파 원어민이라고 칭찬 받는 분들은 수없이 듣고 따라 하며 스스로 소리의 차이를 깨달았던 것입니다.

자아, 그럼 여러분이 음성학 원서를 보고 발음을 공부해야 하는 걸까요? 천만에요. 두꺼운 음성학 책은 제가 대신 읽고 소화했고, 시행착오 끝에 얻은 미국 영어 발음의 노하우를 이 책에 쉽게 풀이해 두었습니다. 영어 발음 학습을 처음 대하는 한국인 누구나 이해할 수 있습니다. 2015년에 첫선을 보인 『발음을 부탁해』와 2019년의 『발음이 궁금해』가 이제 더욱더 완전해진 세 권의 개정판 시리즈로 인사를 드리게 되었습니다. 새로운 『발음을 부탁해』 시리즈를 통해 여러분의 입과 귀가 열리면 자신감은 선물로 따라올 것을 약속드립니다. 영어의 기본 소리가 전공자뿐 아니라 영어를 배우는 누구에게든 열려 있기를 희망합니다. 알파벳부터 영어를 배우듯, 머지않아 영어의 기본 음소도 온 국민이 배우는 날이 오겠죠?

2020년 봄 세인트루이스에서,

샤론 강

독자 추천평

대한민국 모든 국민이 소장해야 하는 영어 발음 교과서입니다.
영어와 영어 교육을 전공했는데 자가 진단 테스트를 하고 충격에 빠졌다가 매일 샤론 선생님 영상과 책으로 공부하는 재미를 느끼고 있습니다. 영어를 공부하는 분이라면 꼭꼭 보세요!!!
de****3 님 / 출처: 알라딘

저자 샤론 선생님 덕분에 발음의 중요성, 발음 기호의 중요성에 대해서 정말 새롭게 깨닫게 되었습니다.
아이를 키우는 입장에서… 한국에서 몇 달 안에 끝내는 파닉스가 얼마나 위험하고 의미 없는 일인지를 새삼 느끼게 되며 우리 아이에게 다른 방식으로 접근해 주고 싶은 의지가 생겼습니다. 그래서 아이를 위해 저를 위해 제가 먼저 발음 기호를 찾고, 완벽하지는 않지만 정확한 발음을 내기 위해 노력해 보고 있습니다. 이 책을 보시면, 선생님의 발음을 들으며 공부할 수 있는 자료와 연계되어 있어서 혼자 공부하기에 좋습니다. 혹여나 혼자 공부가 힘드시면 선생님의 인스타 라이브 방송이나 네이버 카페 SharonShine English에 가입하셔서 같이 공부해 나가는 것도 추천드려요^^   fl****12 님 / 출처: 인터넷 교보문고

우리가 흔히 알고 있는 파닉스가 전부라고 생각했는데…
아이 영어 그림책 읽어 주면서 조금 더 발음을 고치고 싶다 생각하다 우연히 샤론 선생님 강의를 보고 충격을 받아 책도 구매하고 유튜브도 구독해서 열심히 강의를 듣고 있어요. 발음에 목말라 있는 저로서는 선생님 책이 최고의 책이라고 생각되네요. 대학교에서 영어 음성학도 배웠지만 사실상 사용할 일도 없고 적용도 안 되더라고요. 책으로 끝나지 않고 선생님의 강의를 같이 들으니깐 시너지가 몇 배 상승합니다~!! 앞으로도 꾸준히 책 출간했으면 합니다 ^^
qu**** 님 / 출처: 예스24

정확한 발음을 익힌다면 발성, 강세는 자연스럽게 따라오게 된다는 샤론 선생님의 말씀!
발음 시리즈는 그 어떤 핵심 패턴이나 쉐도잉 등의 공부법보다도 우선시되는 기본서임에 틀림없다고 확신해요. 한국어로 쓰인 발음을 그대로 따라 하기만 해도 원어민 소리와 가까워서 놀랍고 재밌어요. 아이 초등학교에서도 이 책으로 공부하면 좋겠어요. 바른 영어 교육을 위해 많은 연구를 하신 열정이 고스란히 담긴 제대로 된 영어 교육의 기본이 되는 책, 참 좋은 책 만들어 주셔서 감사합니다!   pin****ina 님 / 출처: 예스24

어린이 청소년 교육파트에 적용시키는 부분을 강력히 주장합니다.
유치원 수업과 초등 저학년 공부방을 병행하며 수업중인 교사입니다. 수업을 진행하며 항상 유아 파닉스 파트에 불만 아닌 불편이 많았거든요. 분명 쉽고 재미는 있는데 점점 변수가 많아 아이들 입장에서는 초반 배운 것에 대한 배신감까지 느끼게 되는 시스템. 결론부터 말하면 책을 보고 강의를 통해 유레카를 외치며 적용하고 있어요. 솔직히 말하면 파닉스 진도 다 했다고 생각했던 아이들도 다시 처음으로 발음 기호와 함께 가르치기 시작했어요. 시작한지 얼마 안 되어 아직 진도는 요만큼이지만 변화가 획기적이에요. '원래 그런거야', '변할 때도 있어'보다는 발음기호를 기준으로 발음하고 spell은 분류해서 따로 익히는 방법이 스스로 학습하며 성취감을 느끼게 해주는 방법이라 깨닫고 전파하는 중이에요. 음성 지원 사전에 익숙한 아이들이 발음기호를 가만히 보며 바른 소리를 찾고 그 안에서 스스로 규칙성을 느끼며 영어사전으로까지 손을 뻗게 만드는… 익숙한 단어도 다시 발음기호를 보러 사전을 오픈하게 됩니다. 제 학습에도 도움이 되지만 어린이 청소년 교육파트에 적용시키는 부분을 강력히 주장합니다.　샤이** 님 / 출처: 알라딘

영어 공부는 매번 작심삼일이었는데 『발음을 부탁해』 책은 끝까지 끌어 주는 책입니다.
그만큼 영어 발음에 재미와 자신감을 주기 때문입니다. 저자인 샤론 강 선생님의 한국인에 대한 영어 성장의 열정을 느낄 수 있는 인스타그램과 유튜브 영상, 카페 등을 통해 지속적인 공부가 가능하니 항상 작심삼일이었던 제가 책 구입 후 벌써 5개월째 꾸준히 공부 중에 있습니다. 그동안 잘못 알고 있었던 콩글리시 발음을 정확히 교정할 수 있게 되었고 나아가 원어민 발음이 될 수 있다는 희망을 갖게 되었습니다. 『발음을 부탁해』 책과 샤론 강 선생님을 알게 된 것은 저에게 행운입니다!　ro*****1 님 / 출처: 예스24

발음이 개선될 수 있다는 희망을 가지니 영어 공부가 더 즐겁고 밖에서 영어책 읽어 줄 때도 좀 더 자신감이 생기는 것 같아요.
아이 책을 읽어 주며 영어의 다양한 방면으로 관심이 확장되고 있어요. 그러다 보니 각종 정보와 꿀팁에 노출되게 되었고 저자분의 인스타그램을 알게 되었습니다. 전 솔직히 직장 생활하며 계속 영어 쓰는 환경에 있었음에도 누가 제 발음 지적해 주는 사람이 없고, 스스로도 이 정도면 되지… 하고 살아왔는데 잘못 발음하는 게 정말 많았고, 발음을 고치니 리스닝이 좋아지는 신기한 경험을 하고 있어요. 아이가 세이펜이나 시디를 별로 좋아하지 않아 직접 읽어 주는 편인데, 아이에게도 좀 더 정확한 발음으로 읽어 주면 도움이 많이 될 것 같아요.　IZ*****14 님 / 출처: 인터넷 교보문고

차례

PART 1

빛나는 영어의 첫걸음
내 발음 진단하기

PART 2

빛나는 발음의 열쇠
영어의 기본 소리

PART 3

철자에 올바른 소리 입히기
발음 꿀팁

PART 4

총정리 QUIZ, 정답

PART 1

빛나는 영어의 첫걸음
내 발음 진단하기

내 발음의 현주소

여러분의 영어 발음의 정체는 뭔가요? 혹시 미국, 영국 발음과 한국식 발음까지 섞여 있어 꽁꽁 묶인 매듭처럼 엉키어 버린 상태는 아닌지요. 영어가 외국어인 환경에서 발음이 엉킨 것까지는 그렇다 쳐도 더 큰 문제는 내 마음대로 읽어 버리는 것입니다. 이것은 영어에 관심이 없다는 증명밖에는 되지 않습니다.

얼마 전 학생 한 분이 사진을 찍어 보내왔습니다. 한국의 어느 자연 박물관에서 tortoise를 '톨토이즈'라고 쓴 것이었어요. 이게 왜 이상하냐고요? 사전을 한 번이라도 찾아본 사람이라면 이상한 점을 쉽게 알 수 있습니다. 아래 네 개의 사전에 있는 발음을 확인해 보세요.

I rest my case! 이제 '톨토이즈'가 틀린 것 아시겠죠? 사전마다 발음기호 표시 방법은 차이가 있지만, 모두 같은 소리를 냅니다. [tôrdəs], [tɔ:rʈəs], [tɔ:rtəs], [tɔrtəs] 모두 tortoise를 '토올더스'라고 발음한다는 뜻입니다. 『발음을 부탁해』 음소 이름은 corn [or] + plum [ə]이죠.

　잘못 발음하는 학습자들의 공통적인 문제는 자신의 발음이 잘못되었다는 사실 자체를 모르거나, 정확히 어느 부분이 문제인지를 모른다는 것입니다. 그래서 제가 문제를 파악하는 데 도움을 드리려고 합니다. 여러분이 안다고 생각하는 단어, 얼마나 제대로 알고 있나요? 잠시 후 문제를 풀어보고 문제점을 파악하는 것부터 시작해 보도록 하겠습니다. 어떤 것이든 문제를 알아야 해결을 하니 말입니다. 올바른 과정을 거치면 누구나 빛나는 발음에 이를 수 있습니다. 제가 이룬 것처럼 말이죠.

발음 진단 TEST

밑줄 친 부분의 소리로 알맞은 것을 고르세요.

모음 소리 QUIZ

1 l<u>aw</u>
a. [ə]   b. [ɑ]
c. [ɔ]   d. [ow]

2 <u>a</u>n<u>o</u>ther
a. [ə-ə]   b. [ə-ɑ]
c. [ɑ-ə]   d. [ɑ-ɑ]

3 w<u>ea</u>kn<u>e</u>ss
a. [ɪ - ɪ]   b. [ɪ - iy]
c. [iy - ɪ]   d. [iy - iy]

4 pr<u>e</u>tt<u>y</u>
a. [ɪ - ɪ]   b. [ɪ - iy]
c. [iy - ɪ]   d. [iy - iy]

5 p<u>ea</u>c<u>e</u>f<u>u</u>l
a. [ɪ - ə]   b. [iy - ə]
c. [ɪ - ɔ]   d. [iy - ɔ]

6 <u>a</u>fter
a. [æ]   b. [e]
c. [ɑ]   d. [ɔ]

7 p<u>e</u>rf<u>e</u>ct (adj.)
a. [ɪ]   b. [iy]
c. [e]   d. [ey]

8 c<u>o</u>c<u>oa</u>
a. [ɔ - ow]   b. [ɔ - ow - ɑ]
c. [ow - ow - ɑ] d. [ow - ow]

9 h<u>oo</u>d
a. [uw]   b. [ə]
c. [ʊ]   d. [ɔ]

10 r<u>o</u>b<u>o</u>t
a. [ow - ɑ]   b. [ɑ - ɔ]
c. [ɑ - ow]   d. [ow - ɔ]

정답 1. c.   2. a.   3. c.   4. b.   5. b.   6. a.   7. a.   8. d.   9. c.   10. a.

1 **quiche**
a. [k]   b. [kw]

2 **quit**
a. [k]   b. [kw]

3 **gel**
a. [dʒ]   b. [g]

4 **tree**
a. [tr]   b. [tʃr]

5 **draw**
a. [dr]   b. [dʒr]

6 **linen**
a. '리넨'   b. '린넨'

7 **loose** (adj.)
a. [s]   b. [z]

8 **butter**
a. [d]   b. 약음 'ㄹ'
c. [t]

9 **pizza**
a. [z]   b. [s]

10 **shepherd**
a. [p]   b. [f]

정답 1. **a.** 2. **a.** 3. **a.** 4. **b.** 5. **b.** 6. **a.** 7. **a.** 8. **b.** 9. **b.** 10. **a.**

여러분의 결과는 어떤가요? (❶ / ❷)

❶ 모음 소리의 점수가 자음 소리보다 높다.   ❷ 자음 소리의 점수가 모음 소리보다 높다.

대부분의 한국인은 자음 소리의 점수가 더 높을 것입니다. 자음 알파벳 글자(21개)와 자음 소리(24개)의 수가 거의 비슷하기 때문에 알파벳만 배웠어도 알 수 있는 자음 소리가 많기 때문이지요. 반대로 모음 소리는 결과가 나쁠 수밖에 없습니다. 모음 글자가 모음 소리의 수에 비해 턱없이 모자란 데다가, 철자 조합마다 가지고 있는 소리가 여러 가지이기 때문입니다. 그렇기 때문에 글자에 소리를 입히는 연습이 필요합니다.

『발음을 부탁해』 실전편 학습맵

진단 TEST를 통해 내 발음의 문제점을 파악했다면, 이제 실전 연습에 돌입할 차례입니다. 처음 접하는 단어를 감으로 읽는 습관은 버려야 합니다. 의외로 아주 간단한 단어의 발음도 대충 알고 있는 경우가 많습니다. 빛나는 영어로 말하기 위해서는 철자에 제대로 된 소리를 입히는 과정이 필요합니다.

본격적으로 학습을 시작하기 전에 바로 다음 장에서 영어의 기본 소리와 파닉스 용어를 살펴보며 준비 운동을 해 주세요. 『발음을 부탁해』 실전편에서는 특정한 철자의 조합이 어떤 소리를 내는지 배우는 「발음 꿀팁」 강의 80편을 만나 볼 수 있습니다. 그동안 눈으로만 읽었던 단어들을 자신 있게 소리 내어 말할 수 있게 해 주는 강의입니다. 연습 단어는 사용 빈도가 높은 단어들 위주로 선별했습니다. 목차에서 그동안 잘 되지 않았던 발음부터 골라서 연습할 수도 있고, 강의 순서대로 학습 계획을 세워 진도를 나갈 수도 있습니다. 학습을 마치고 나면 총정리 QUIZ로 실력을 점검해 보세요.

「발음 꿀팁」의 모든 내용은 영상 강의와 함께 제공됩니다. QR코드로 연결된 영상 자료와 웹사이트에서 제공되는 음성 자료를 적극 활용하세요. 소리의 영역을 공부하는 것이니 입 모양을 보며 따라하고, 음성을 들으며 여러 번 입으로 소리 내어 연습하는 것이 중요합니다.

내 문제를 알자!

발음 문제점 파악하기

Sharon Shine

☑ 발음 진단 TEST!

배우자!

기본 소리와 발음 원리

☑ 「발음 꿀팁」 1~80강
☑ 동영상 강의

돌다리도 두드리자!

아는 단어도 확인, 또 확인

☑ 철자에 올바른 소리 입히기
☑ 음성 자료 따라 하며 연습하기

버리고 고치자!

잘못된 발음 습관 바로잡기

☑ 잘못된 강세, 억양 버리기
☑ 음성 인식으로 발음 확인하기

PART 2

빛나는 발음의 열쇠
영어의 기본 소리

모음 음소 22개 한눈에 살펴보기

음소(phoneme)란 모든 언어가 가지고 있는 기본 소리 단위를 말합니다. 음소의 수는 언어마다 다릅니다. 한국어로 듣고 말할 때 필요한 음소의 수와 영어로 듣고 말할 때 필요한 음소의 수도 당연히 다르지요. 영어로 듣고 말하려면 한국어의 음소가 아닌 영어의 음소로 영어 소리를 이해해야 합니다. 미국 영어는 22가지의 모음 음소를 가지고 있습니다. 이 책에서는 모음 음소를 쉽게 기억할 수 있도록 색깔 이름을 붙였습니다. 정확한 모음 소리로 색깔 이름을 하나하나 발음하며 익혀 보세요.

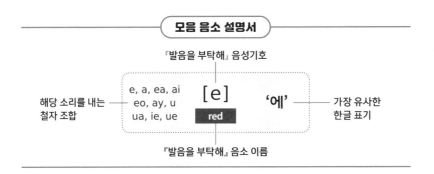

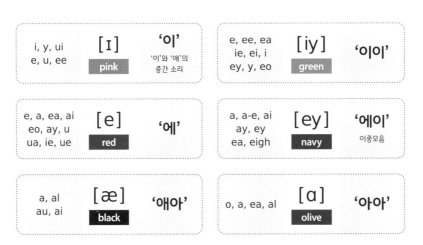

u, o, ou, oo, oe, a, ue, ol	[ə] plum	'어' '어'와 '으'의 중간 소리
o, a, al, aw, au, augh, ough	[ɔ] strawberry	'어어'
o, u, oo, oul	[ʊ] cookie	'으어'
u, oo, o, ew ue, ui, ou oe, ieu, wo	[uw] blue	'우우' '유우'
o, oa, ol, ow, oe, ou, ough	[ow] gold	'오우' 이중모음
ou, ow, ough	[aw] brown	'아우' '유우' 이중모음
i, y, ie, ei, igh, uy, ai	[ay] lime	'아이' 이중모음
oy, oi	[oy] oyster	'오이' 이중모음

r로 끝나는 소리

ir, ur, er, ear, or, our, ar, ure	[ər] purple	'얼' plum [ə] + [r]
are, ar, ear, uar	[ar] tart	'아알' olive [a] + [r]
eer, ear, ere	[ɪər] beer	'이' 우리말 '이' + [r]
our, ure	[ur] tour	'우우얼' '유우얼' blue [uw] + [r]
air, are, ear, eir, ere, ayer, ayor	[er] air	'에얼' red [e] + [r]
ire, yer, ier, iar, oir, uyer	[ayr] fire	'아이얼' lime [ay] + [r]
or, ore, ar, our, oor, oar	[or] corn	'오우얼' gold [ow] + [r]
url, irl, orl, erl, earl	[ərl] pearl	'얼어°' purple [ər] + [l]

자음 음소 24개 한눈에 살펴보기

자음 음소로 표기된 발음기호를 소리 내어 읽을 때는 알파벳 글자와 혼동하지 않도록 주의해야 합니다. 알파벳과 똑같이 생긴 발음기호가 많기 때문이지요. 알파벳은 글자의 영역, 발음기호는 음소(소리)의 영역입니다.

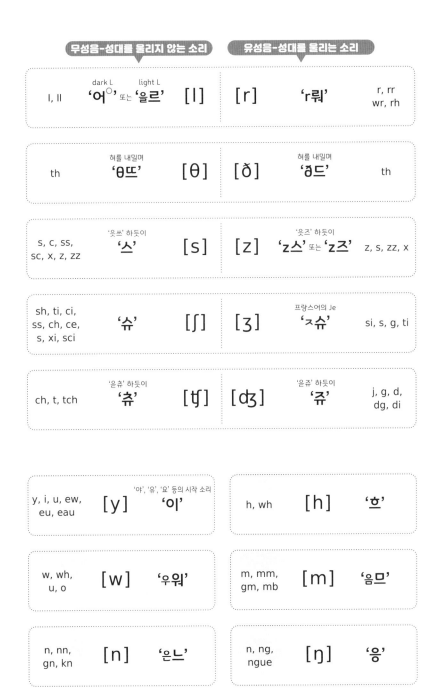

무성음			유성음		
l, ll	dark L '어°' 또는 light L '을르'	[l]	[r]	'r뤄'	r, rr wr, rh
th	혀를 내밀며 'θ뜨'	[θ]	[ð]	혀를 내밀며 'ð드'	th
s, c, ss, sc, x, z, zz	'웃쓰' 하듯이 '스'	[s]	[z]	'웃즈' 하듯이 'z스' 또는 'z즈'	z, s, zz, x
sh, ti, ci, ss, ch, ce, s, xi, sci	'슈'	[ʃ]	[ʒ]	프랑스어의 Je 'ㅈ슈'	si, s, g, ti
ch, t, tch	'읕츄' 하듯이 '츄'	[ʧ]	[ʤ]	'읕쥬' 하듯이 '쥬'	j, g, d, dg, di

y, i, u, ew, eu, eau	[y]	'아', '유', '요' 등의 시작 소리 '이'	h, wh	[h]	'흐'
w, wh, u, o	[w]	'우워'	m, mm, gm, mb	[m]	'음므'
n, nn, gn, kn	[n]	'은느'	n, ng, ngue	[ŋ]	'응'

★ 사전에 따라 [ʤ] 소리를 [j]라고 표기하거나, [y] 음소를 [j]라고 표기하는 경우도 있습니다.

알기 쉬운 파닉스 용어

Minimal Pair　한 가지 음소를 제외하고 모든 발음 조건이 같은 두 단어를 minimal pair라고 합니다. 예를 들어 big과 pig는 자음 음소 하나만 다르고, big과 bag는 모음 음소 하나만 다른 minimal pair입니다.

음절 (Syllable)　단어를 발음할 때 한 번에 낼 수 있는 소리의 단위를 음절이라고 합니다. 모음 음소의 개수가 음절의 수라고 생각하면 쉽습니다. 우리말에서는 한 음절 안에 자음이 연이어 나오는 경우가 없지만, 영어에서는 자음이 연달아 발음되는 연속자음이 있습니다. 외래어 '스프링'은 모음이 세 개인 3음절 단어이지만, 영어 단어 spring은 [sprɪŋ], 즉 모음 음소가 [ɪ] 하나인 1음절 단어입니다.

강세 (Stress)　음절이 두 개 이상인 단어는 모두 특정 음절에 강세를 가지고 있습니다. 강세가 있는 음절은 힘을 실어 더 크게, 살짝 더 길게 발음합니다. 사전의 발음기호에는 강세가 있는 음절의 앞이나 해당 음절의 자음 또는 모음 위에 삐침 표시를 넣어 강세를 나타냅니다.

첫소리 (Initial Sound)　단어에서 처음 발음되는 음소를 말합니다. 첫 글자와는 다릅니다. shop의 첫 글자는 s, 첫소리는 [ʃ]이지요. 중간 소리, 끝소리도 각각 중간과 끝에서 소리 나는 음소를 말합니다.

파열음 (Plosive)　'읖', '읕', '윽' 하듯이 입술이나 치아, 또는 입천장을 이용해 호흡을 멈추듯 발음하는 소리를 말합니다. 무성음 [p], [t], [k], 유성음 [b], [d], [g]가 끝소리일 때 파열음으로 발음됩니다.

된소리 (Unaspirated)　자음 음소 [p], [t], [k]가 특정 조건에서 우리말의 된소리 'ㅃ', 'ㄸ', 'ㄲ'처럼 발음되는 것을 말합니다.

약음 (Schwa)   영어에서는 강세가 없는 음절의 모음 글자 a, e, i, o, u를 plum [ə] 소리로 '어' 하듯 가볍게 발음합니다. 이 plum [ə] 소리를 약음 또는 schwa '슈와'라는 이름으로 부릅니다.

t, d 약음 (Flapped)   자음 음소 [t], [d]가 모음 사이에서 강세를 받지 않을 때 우리말의 'ㄹ' 소리로 약하게 발음하는 것을 t, d 약음이라고 합니다. butter를 '버터'가 아니라 '버럴'처럼 발음하는 것도 이런 이유 때문이지요. [t], [d] 소리 앞의 모음이 r로 끝나는 경우에는 'ㄹ'과 'ㄷ'의 중간 소리로 발음합니다.

묵음 (Scilent)   comb의 b, talk의 l과 같이 특정 자음이 소리나지 않는 것을 묵음이라고 합니다.

light L, dark L   [l]의 두 가지 소리를 light L, dark L이라는 이름으로 구분합니다. light L은 '을르' 하듯 앞니 뒤에서 혀를 차고 내려오는 자음 소리입니다. dark L은 '어' 하며 목구멍을 열고 혀를 앞니 뒤에 살짝 대거나 아예 내려놓는 소리로, 모음에 가까운 소리가 납니다. 음소 [l] 다음에 모음이 있다면 light L로 발음하고, 음소 [l]이 끝소리이거나 자음 바로 앞에 있다면 dark L로 발음합니다.

연속자음 (Blend)   blow의 bl [bl], screen의 scr [skr]처럼 두 개 또는 세 개의 자음 글자가 각각의 소리를 내면서 빠르게 이어지는 것을 연속자음이라고 합니다.

이중글자 (Digraph)   ship의 sh [ʃ], church의 ch [ʧ]처럼 두 개의 자음 글자가 하나의 소리만 내는 경우를 이중글자라고 합니다. 혼합자음 또는 이중자음이라는 명칭으로 부르기도 합니다.

모음 음소 22개 발음기호 대조표

발음기호, 사전마다 다르니 너무 힘드셨죠? 여러 가지 사전을 한눈에 비교할 수 있도록 표를 만들었어요. 모음 음소를 이름으로 기억해 놓으면 모든 발음기호를 정복할 수 있습니다. 사전은 선호하는 것으로 두 개 정도만 보세요. 그러면 발음기호가 더 눈에 익게 됩니다.

발음을 부탁해	모음 음소 이름	Google	네이버	다음	Collins	Cambridge	Macmillan	Longman	Oxford
[ɪ]	pink	i	ɪ	i	ɪ	ɪ	ɪ	ɪ	ɪ
[iy]	green	ē	iː	iː	i	iː	i	iː	i
[e]	red	e	e	e	ɛ	e	e	e	ɛ
[ey]	navy	ā	eɪ	ei	eɪ	eɪ	eɪ	eɪ	eɪ
[æ]	black	a	æ	æ	æ	æ	æ	æ	æ
[ɑ]	olive	ä	ɑː	ɑ	ɑ	ɑː	ɑ	ɑː	ɑ
[ə]	plum	ə	ʌ	ʌ	ʌ	ʌ	ʌ	ʌ	ʌ
[ɔ]	strawberry	ô	ɔː	ɔː	ɔ	ɑː	ɔ	ɒː	ɔ
[ow]	gold	ō	oʊ	ou	oʊ	oʊ	oʊ	oʊ	oʊ
[ɑy]	lime	ī	aɪ	ai	aɪ	aɪ	aɪ	aɪ	aɪ
[ɑw]	brown	ou	aʊ	au	aʊ	aʊ	aʊ	aʊ	aʊ
[oy]	oyster	oi	ɔɪ	ɔi	ɔɪ	ɔɪ	ɔɪ	ɔɪ	ɔɪ
[ʊ]	cookie	o͝o	ʊ	u	ʊ	ʊ	ʊ	ʊ	ʊ
[uw]	blue	o͞o	uː	uː	u	uː	u	uː	u
[ər]	purple	ər	ɜːr	əːr	ɜr	ɝ	ɜr	ɜːr	ər
[ɪər]	beer	ir	ɪr	iər	ɪər	ɪr	ɪr	ɪr	ɪr
[er]	air	er	er	ɛrɜ	ɛər	er	er	er	ɛr
[or]	corn	ôr	ɔːr	ɔːr	ɔr	ɔːr	ɔr	ɔːr	ɔr
[ɑr]	tart	är	ɑːr	aːr	ɑr	ɑːr	ɑr	ɑːr	ɑr
[ur]	tour	o͞or	ʊr	uər	ʊər	ʊr	ʊr	ʊr	ʊr
[ɑyr]	fire	īər	aɪər	aiər	aɪər	aɪr	aɪr	aɪr	aɪər
[ərl]	pearl	ərl	ɜːrl	əːrl	ɜrl	ɝl	ɜrl	ɜːrl	ərl

PART 3

철자에 올바른 소리 입히기
발음 꿀팁

기호표			
―	음절 구분	•	파열음
／	강세	ㄹ·ㄹ/ㄷ	t, d 약음
▬	모음 음소 색상	○	[l] 끝소리 (dark L)
( )	생략 가능	~	길게 끌기

➊ 학습할 내용 확인하기

➋ 발음 꿀팁 확인하기
철자 조합과 음소를 확인하고 설명을 정독하며 발음 방법을 익혀 보세요.

➌ 영상 강의
스마트폰으로 책 속의 QR코드를 인식하면 영상 강의를 볼 수 있습니다.
반드시 영상 강의와 함께 학습하세요. 입 모양을 확인하며 따라해야 정확한 발음을 내 것으로 만들 수 있어요.

➍ 실전 연습!
학습한 발음 방법대로 소리 내어 읽기를 연습하세요. 영어 단어, 발음기호, 한글 표기 순서로 정리했습니다. 정확한 발음을 돕는 여러 가지 기호를 함께 표시해 두었어요. 처음에는 영어 단어와 발음기호를 번갈아 보며 연습하고, 나중에는 영어 단어만 보고 정확한 발음을 연습해 보세요. 음성 자료와 함께 연습하는 것 잊지 마세요! 한글 표기는 참고용일 뿐 가장 정확한 발음은 음성 자료에 있습니다.

내 발음이 정확한지 알고 싶다면?
스마트폰의 음성인식 메모 기능으로 내가 발음한 단어가 제대로 입력되는지 확인해 보세요. 제대로 입력되지 않는 단어는 여러 번 더 연습하세요.

음성 자료 확인하기
모든 음성 자료는 sharonshine.com에서 무료로 제공됩니다.
스마트폰으로 QR코드를 인식해서 웹페이지를 확인해 보세요!

tly의 두 가지 소리

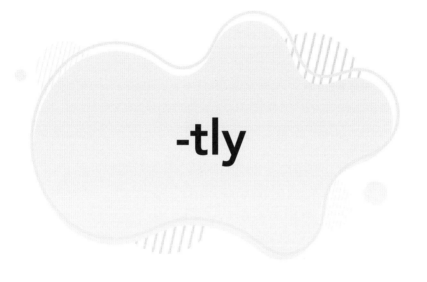

-tly

-t(e)ly	-ctly
[t-liy]	[k-liy]
green	green
!-을리이	끌리이

- [t-liy] 소리를 내는 철자 조합은 tly, tely입니다.
- tly, tely 앞에 어떤 음소가 와도 t에서 끊어 주듯이 호흡을 멈추었다가 ly를 발음합니다.
- 단, tly 앞에 c가 있을 경우 [k-liy] **'끌리이'**로 발음되는 것이 특이한 현상입니다.

-tly

recently	[ríy-sənt-liy] green plum green	ᴦ뤼-쓰응!-올리이
neatly	[níyt-liy] green green	니읕!-올리이
shortly	[ʃórt-liy] corn green	쇼우얼!-올리이
instantly	[ín-stənt-liy] pink plum green	인-스뜬!-올리이

-tely

lately	[léyt-liy] navy green	을레잍!-올리이
absolutely	[æb-sə-lùwt-liy] black plum blue green	애압-썰-룿!-올리이
unfortunately	[ən-for-ʧə-nət-liy] plum corn plum plum green	언-f포올-춰-녇!-올리이
completely	[kəm-plíyt-liy] plum green green	컴-플리잍!-올리이

-ctly

perfectly	[pər-fɪk-liy] purple pink green	펄-f픽-끌리이
directly	[dɪ-rék-liy] pink red green	ㅈ드-r렉-끌리이
exactly	[ɪg-zǽk-liy] pink black green	익-z재악-끌리이
correctly	[kə-rék-liy] plum red green	커-r뤠엑-끌리이

2강

[ʃ] '슈' 소리를 내는 ce와 ci

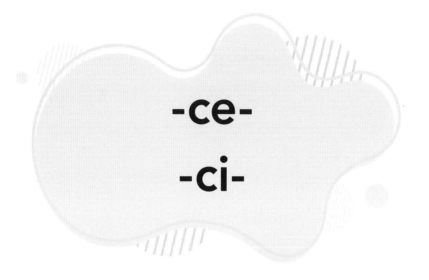

-ce-
-ci-

[ʃ]

as in **sh**e

슈

- 발음기호 [ʃ]는 한국어의 **'슈'**와 비슷한 소리입니다.
- [ʃ] 소리를 내는 철자의 조합으로 흔히 알려진 sh, ch 외에 ce, ci도 있다는 점을 기억하세요.

-ce-

ocean   [ów-ʃən]   오우-션
           gold   plum

grocery   [grów-ʃə-riy]   구로우-슈-r뤼이★
           gold   plum   green

licorice   [lɪ-kə-rɪʃ]   을리-꺼-r뤼~슈
           pink   plum   pink

crescendo   [krə-ʃen-dow]   크r뤄-**셴**-도우
           plum   red   gold

-ci-

social   [sów-ʃəl]   쏘우-셔○
           gold   plum

special   [spé-ʃəl]   스뻬-셔○
           red   plum

precious   [pré-ʃəs]   프r뤠-셔s
           red   plum

species   [spíy-ʃiyz]   스삐이-쉬이z
           green   green

★ 지역에 따라 [grów-sə-riy] '**구r로우-써-r뤼이**'로 발음하기도 합니다.

ography로 끝나는 단어

-ography

[á-grə-fiy]

olive   plum   green

아-그rꓳ-f피이

- ography의 발음은 강세가 중요합니다. o에 힘을 실은 후, graphy를 빠른 속도로 단숨에
  내뱉어야 합니다.

-ography

geography

[ʤiy-á-grə-fiy]
green olive · plum green
은쥐이-**아**-그r뤄-f피이

choreography

[kɔ-riy-á-grə-fiy]
strawberry · green olive · plum green
커-r뤼이-**아**-그r뤄-f피이

photography

[fə-tá-grə-fiy]
plum · olive · plum green
f퍼-**타아**-그r뤄-f피이

cinematography

[sɪ-nə-mə-tá-grə-fiy]
pink · plum · plum · olive · plum green
씨-느-머-**타아**-그r뤄-f피이

oceanography

[ow-ʃə-ná-grə-fiy]
gold · plum · olive · plum green
오우-셔-**나아**-그r뤄-f피이

-dly

-ndly	-dly
[n-liy]	**[d-liy]**
green	green
ㄴ-을리이	ㄷ-을리이

- ndly는 n을 'ㄴ' 받침으로 발음한 후 '**을리이**'로 바로 이어서 발음합니다.
- dly는 'ㄷ' 받침소리로 '**읃**' 한 후, '**을리이**'로 이어서 발음합니다.
- '**들리**'가 아니라 '**ㄷ**' 받침처럼 발음하세요. 실제 [d] 소리는 잘 들리지 않아요.

-ndly

friendly	[frend-liy]	f프r뤤-을리이
	red green	
kindly	[kaynd-liy]	카인-을리이
	lime green	

-dly

loudly	[lawd-liy]	을라운-을리이
	brown green	
sadly	[sæd-liy]	쌔앋-을리이
	black green	
madly	[mæd-liy]	음매앋-을리이
	black green	
rapidly	[ræ-pɪd-liy]	r뤠아-삗-을리이
	black pink green	
deadly	[ded-liy]	ㅈ뎁-을리이
	red green	

5강

ate로 끝나는 단어의 두 가지 소리

-ate

[ət]
plum

읕

[eyt]
navy

에잍

- ate으로 끝나는 단어가 형용사(adjective) 또는 명사(noun)일 경우 [ət] '읕'으로 발음합니다.
- ate으로 끝나는 단어가 동사(verb)일 경우 [eyt] '에잍'으로 발음합니다.

-ate [ət]

chocolate	[ʧɑ-kə-lət] <small>olive plum plum</small>	읃촤아-끌-**를**
desperate	[dés-pə-rət] <small>red plum plum</small>	ㅈ데s-쁘-r**륕**
certificate	[sər-ti-fɪ-kət] <small>purple pink pink plum</small>	썰-티-f피-**끝**
appropriate	[ə-prów-prɪ-ət] <small>plum gold pink plum</small>	어-프r로우-뿌r뤼-**읕**
duplicate (n.)	[dúw-plɪ-kət] <small>blue pink plum</small>	ㅈ두우-쁠리-**끝**
estimate (n.)	[és-tə-mət] <small>red plum plum</small>	에s-뜨-**믇**
graduate (n.)	[grǽ-ʤuw-ət] <small>black blue plum</small>	구r래아-쥬-**읕**

-ate [eyt]

elevate	[é-lə-veyt] <small>red plum navy</small>	엘-러-v베잍
simulate	[sí-myuw-leyt] <small>pink blue navy</small>	씨-뮤울-레잍
appreciate	[ə-príy-ʃiy-eyt] <small>plum green green navy</small>	어-푸r뤼이-쉬이-**에잍**★
duplicate (v.)	[dúw-plɪ-keyt] <small>blue pink navy</small>	ㅈ두우-쁠리-케잍
estimate (v.)	[és-tɪ-meyt] <small>red pink navy</small>	에s-뜨-메잍
graduate (v.)	[grǽ-ʤuw-eyt] <small>black blue navy</small>	구r래아-쥬-에잍

★ 두 번째 음절의 [priy]를 [prɪ]로 발음하기도 합니다.

-ology

[á-lə-ʤiy]

olive plum green

알-러-쥐이

- ology로 끝나는 단어들 많죠? 특히 학과목에 관련된 단어들은 ology가 붙습니다.
- **'알러쥐이'**라고 발음되며 l 바로 앞의 o(olive [ɑ])에 강세를 줍니다.

-ology

biology	[bay-á-lə-ʤiy] <small>lime olive plum green</small>	바이-**알**-러-쥐이
pathology	[pə-θá-lə-ʤiy] <small>plum olive plum green</small>	퍼-**θ따알**-러-쥐이
zoology	[zow-á-lə-ʤiy] <small>gold olive plum green</small>	z조우-**알**-러-쥐이
ideology	[ay-dìy-á-lə-ʤiy] <small>lime green olive plum green</small>	아이-리-**알**-러-쥐이
geology	[ʤiy-á-lə-ʤiy] <small>green olive plum green</small>	즌쥐이-**알**-러-쥐이
apology	[ə-pá-lə-ʤiy] <small>plum olive plum green</small>	어-**파알**-러-쥐이
neurology	[nyuw-rá-lə-ʤiy] <small>blue olive plum green</small>	뉴우-**r롸알**-러-쥐이
mythology	[mɪ-θá-lə-ʤiy] <small>pink olive plum green</small>	미-**θ따알**-러-쥐이
technology	[tek-ńá-lə-ʤiy] <small>red olive plum green</small>	텍-**나알**-러-쥐이

ge의 끝소리 [ʤ]

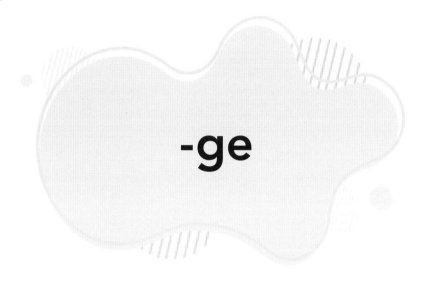

-ge

[ʤ]

as in a**ge**

쥬

- 이 소리는 사실 한글로 표현이 안 됩니다. 중요한 점은 '**쥐**'라고 발음하지 않는 것입니다. 음절을 하나 더 추가하듯 '**쥐**'라고 발음하는 것이 가장 큰 오류입니다.
- ge 바로 앞에 있는 모음 음소를 길~게 늘어뜨려 발음하면, 자연스럽게 '**쥬~**' 하며 살짝 단어 끝에 얹어지게 됩니다.

-ge

large   [lɑrʤ]   을라알~쥬
tart

huge   [hyuwʤ]   휴우~쥬
blue

age   [eyʤ]   에이~쥬
navy

ridge   [rɪʤ]   r뤠~쥬
pink   'r뤠'와 'r뤼'의 중간 소리

strange   [streynʤ]   스쭈r뤠인~쥬
navy

wedge   [weʤ]   우웨~쥬
red

college   [kɑ-lɪʤ]   칼-리~쥬
olive pink

message   [me-sɪʤ]   음메-씨~쥬
red pink

advantage   [əd-væn-(t)ɪʤ]   어d-v배안-티~쥬
plum black pink   어d-v배아-니~쥬

dge의 발음

[ʤ]

쥬

- dge로 끝나는 단어는 ge로 끝나는 단어와 똑같이 발음합니다. d가 하는 역할은 없습니다.
- 많은 사람이 **'브릿지**(bridge)**'**, **'엣지**(edge)**'**처럼 **'ㅅ'** 받침을 붙여 잘못된 발음을 합니다. d는 아무 소리도 나지 않으니 무시하면 됩니다.

-dge

edge	[ed̠ʒ] red	에~쥬
lodge	[lɑd̠ʒ] olive	을라아~쥬
pledge	[pled̠ʒ] red	플레~쥬
grudge	[grəd̠ʒ] plum	구r뤄~쥬
hedge	[hed̠ʒ] red	헤~쥬
porridge	[pór-ɪd̠ʒ] corn pink	포우어-r뤼~쥬
judge	[d̠ʒəd̠ʒ] plum	을쥐~쥬
ridge	[rɪd̠ʒ] pink	r뤼~쥬

ge의 두 가지 소리

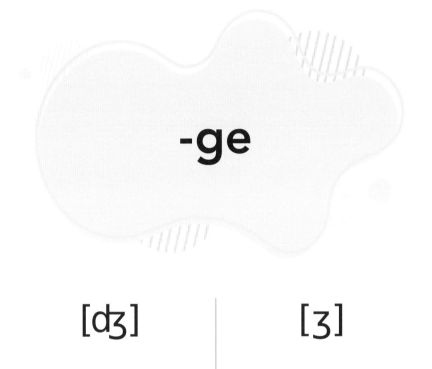

-ge

[dʒ]	[ʒ]
쥬	ᆽ슈

• ge의 두 가지 소리를 좌우하는 요소는 단어의 강세입니다. 강세에 주의하여 연습하세요.

-ge [ʤ]

ridge	[rɪʤ] pink	r뤼이~쥬
bridge	[brɪʤ] pink	부r뤼이~쥬
wedge	[weʤ] red	우웨에~쥬
message	[mé-sɪʤ] red　pink	음메-씨~쥬
college	[kɑl-ɪʤ] olive pink	칼-리~쥬

-ge [ʒ]

beige	[beyʒ] navy	베이~ㅈ슈
rouge	[ruwʒ] blue	r루우~ㅈ슈
garage	[gə-rɑ́ʒ] plum olive	거-r롸아~ㅈ슈
massage	[mə-śɑʒ] plum olive	음머-싸아~ㅈ슈
collage	[kə-lɑ́ʒ] plum olive	컬-라아~ㅈ슈

[ʤ] [ʒ] 비교 연습

message	[mé-sɪʤ] red　pink	음메-씨~쥬
massage	[mə-śɑʒ] plum olive	음머-싸아~ㅈ슈
college	[kɑ́-lɪʤ] olive pink	칼-리~쥬
collage	[kə-lɑ́ʒ] plum olive	컬-라아~ㅈ슈

age, ege의 끝소리 [dʒ]

-age
-ege

[ɪdʒ]

pink

이~쥬

- age와 ege로 끝나는 단어들의 ge 발음은 [dʒ]와 [ʒ], 두 가지로 나뉩니다.
- age, ege가 [dʒ] 소리로 끝날 때 a와 e는 pink [ɪ], 즉 '**이**'와 '**애**'의 중간 소리로 길게 발음합니다.

-age

manage   [mǽ-nɪʤ]   음매아-니~쥬
black pink

message   [mé-sɪʤ]   음메-씨~쥬
red   pink

postage   [pów-stɪʤ]   포우-스띠~쥬
gold pink

language [lǽŋ-gwɪʤ]   래앙-구위~쥬
black   pink

-ege

college   [kɑ́-lɪʤ]   칼-리~쥬
olive pink

privilege [prɪ́-vɪ-lɪʤ] 푸r뤼-v빌-리~쥬
pink pink pink

11강 lu의 발음 세 가지

-lu-

[yuw]	[luw]	[lə]
blue	blue	plum
유우	을루우	을러

- lu를 '**유우**'라고 발음할 때는 [l] 끝소리가 바로 앞의 음절과 합쳐질 때입니다.
- failure, soluble 같은 단어는 빠르게 말할 때 lu 부분을 약음 [ə]로 처리하기도 합니다.

-lu- [yuw]

value	[v́æl-yuw] black · blue	v배아°-유우
volume	[v́ɑl-yuwm] olive · blue	v바아°-유움
failure	[f́eyl-yuwr] navy · blue	f페이어°-유얼
soluble	[śɑl-yuwə-bəl] olive · blue plum plum	싸아°-유어-버°

이렇게 발음할 수도 있어요

failure [f́eyl-yər] navy purple f페이어°-열	soluble [śɑl-yə-bəl] olive plum plum 싸아°-여-버°

-lu- [luw]

include	[ɪn-kĺuwd] pink · blue	인-클루우d
glucose	[ǵluw-kows] blue · gold	글루우-코우s
absolute	[ǽb-sə-luẃt] black plum blue	애압-썰-루웉

-lu- [lə]

lust	[ĺəst] plum	을러st
lunge	[ĺəndʒ] plum	을런~쥬
luxury	[ĺəg-ʒə-riy] plum plum green	을러윽-ㅈ슈-r뤄이
illustrate	[í-lə-streýt] pink plum · navy	일-러-스쭈r뤠잍

12강   st와 str의 발음

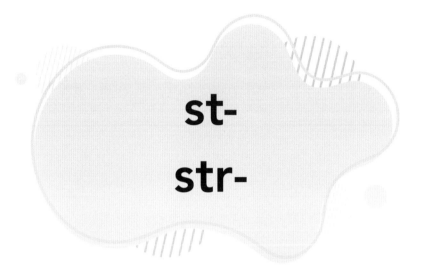

st-

[st]

as in **st**ay

스뜨

str-

[str]

as in **street**

스쭈r루

- s와 t가 만나면 [t] 고유의 바람소리 '**트**' 대신 '**뜨**'와 비슷한 소리가 납니다. 한국어의 된소리와 같다고 보면 됩니다.
- st가 r을 만나면 [t]에서 '**쭈**', '**쮸**' 소리가 납니다. tr은 바람소리 '**츄r루**', str은 된소리 '**스쭈r루**'로 발음됩니다.

56

st-

star	[stɑr] _{tart}	스따알
steak	[steyk̇] _{navy}	스떼익
stop	[stɑṗ] _{olive}	스따앞
stock	[stɑk̇] _{olive}	스따악
sticker	[st́ɪ-kər] _{pink purple}	스때-껄
stool	[stuwl] _{blue}	스뚜우어°
student	[stúw-ḋənṫ] _{blue plum}	스뚜우-런!
style	[stɑyəl] _{lime plum}	스따이어°

str-

street	[striyṫ] _{green}	스쭈r뤼잍
stream	[striym] _{green}	스쭈r뤼임
strike	[strɑyk̇] _{lime}	스쭈r롸익
strong	[strɔŋ] _{starwberry}	스쭈r뤄엉
strip	[strɪṗ] _{pink}	스쭈r륖
straight	[streyṫ] _{navy}	스쭈r뤠잍
strange	[streyndʒ] _{navy}	스쭈r뤠인~쥬

57

ometer로 끝나는 단어

-ometer

[á-mɪ-dər]

| olive | pink | purple |

아-미-럴

- ometer이 붙은 단어는 주로 측정과 관련이 있습니다.
- '**아미럴**'이라고 읽으며 '**미**'는 힘을 뺀 '**매**'에 더 가까운 pink [ɪ] 발음입니다. 사전에서는 약음 [ə]로 표기하기도 하지만, 실제 소리는 pink [ɪ]로 발음합니다.
- ometer의 t는 약음으로 '**ㄹ**' 소리가 납니다.

-ometer

odometer   [ow-dá-mɪ-dər]   오우-다**아**-미-럴

gold   olive   pink   purple

kilometer   [kɪ-lá-mɪ-dər]   클-라**아**-미-럴

pink   olive   pink   purple

barometer   [bə-rá-mɪ-dər]   버-r롸**아**-미-럴

plum   olive   pink   purple

speedometer   [spə-dá-mɪ-dər]   스쁘-다**아**-미-럴

plum   olive   pink   purple

thermometer   [θər-má-mɪ-dər]   θ떨-마**아**-미-럴

purple   olive   pink   purple

geometer   [dʒiy-á-mɪ-dər]   은쥐이-**아**-미-럴

green olive   pink   purple

예외!

nanometer는 nano의 발음을 살려서 [næ-nou-mɪ-dər] '은**내아**-노우-미-럴'이라고 발음해요.

t가 소리 나지 않을 때

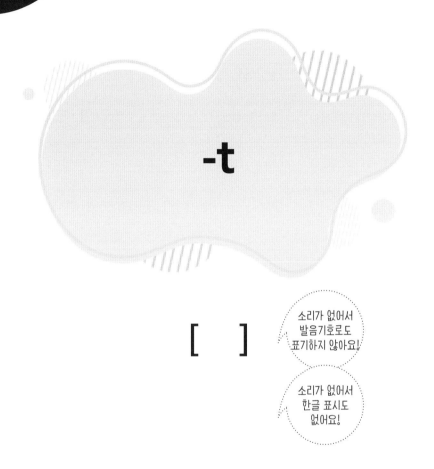

-t

[ ]

소리가 없어서
발음기호로도
표기하지 않아요!

소리가 없어서
한글 표시도
없어요!

- 단어의 마지막 t가 묵음인 경우가 있습니다. 주로 프랑스어에서 온 단어들이지요.
- 단순히 [t] 소리를 발음하지 않는 것이 아니라 et [ey], ot [ow], ut [uw], ort [or]과 같이
  입체적인 모음으로 발음합니다.
- st [s], ft [f]와 같이 자음 뒤에서 [t] 소리가 나지 않는 경우도 함께 연습해 보세요.

-et, -ot, -ut, -ort

bouquet	[bow-kéy] gold / navy	보우-**케이**
gourmet	[gor-méy] corn / navy	고올-**메이**
buffet	[bə-féy] plum / navy	버-**f페이**
ballet	[bǽ-léy] black / navy	배알-**레이**
valet	[vǽ-léy] black / navy	v배알-**레이**
crochet	[krow-ʃéy] gold / navy	쿠r로우-**쉐이**
depot	[díy-pow] green / gold	ㅈ디이-**뽀우**
debut	[déy-býuw] navy / blue	ㅈ데이-**뷰우**
rapport	[rǽ-pór] black / corn	r래아-**포우얼**

-st-, -ft-

listen	[lí-sən] pink / plum	을리-**쓴**
castle	[kǽ-səl] black / plum	캐아-**써**°
wrestle	[ré-səl] red / plum	r뤠-**써**°
whistle	[wí-səl] pink / plum	우위-**써**°
Christmas	[krís-məs] pink / plum	쿠r뤼s-**므s**
often	[ɔ́-fən] strawberry / plum	어-**f픈**
soften	[sɔ́-fən] strawberry / plum	써어-**f픈**

61

[t]는 언제 약화(flapped)될까?

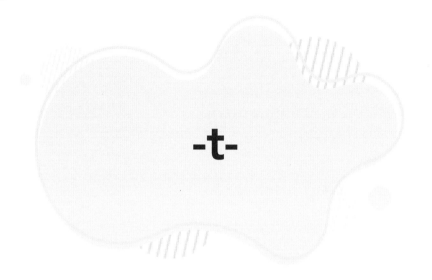

-t-

-t, tt-	-tt-	-tr, ttr-
ㄹ [d]	[t]	[ʧr]
as in bu**tt**er	as in **t**ea	as in **tr**ee
ㄹ	ㅌ	츄r루

- [t]가 모음 소리 중간에 끼어 있을 때 미국 영어에서는 약음 현상이 일어나는데, 이 약음은 우리말의 '**ㄹ**'과 일치합니다. (사전에서는 [d]나 [t]로 표기하기도 합니다.)
- [t]가 있는 음절에 강세가 있는 경우에는 원래 소리인 '**ㅌ**'로 발음합니다.
- [t]와 [r]이 만나면 '**츄r루**' 소리가 납니다. str일 경우 된소리 '**쓰쭈r루**'로 발음됩니다.

-t, tt-

city	[sɪ-diy]	씨-리이
butter	[bə-dər]	버-럴
	plum purple	
attic	[æ-dɪk]	애아-릭
	black pink	
water	[wɑ-dər]	우와-럴
	olive purple	
pattern	[pæ-dərn]	패아-러얼ㄴ
	black purple	
sitting	[sɪ-dɪŋ]	씨-링
	pink pink	
seated	[siy-dɪd]	씨이-래d
	green pink	
battery	[bæ-də-riy]	배아-러-r뤄이
	black plum green	

(city row: pink / green underneath)

-tt-

attack	[ə-tæk]	어-**태악**
	plum black	
attach	[ə-tætʃ]	어-**태아**~츄
	plum black	
attend	[ə-tend]	어-**텐**d
	plum red	
attire	[ə-tɑyr]	어-**타**이얼
	plum fire	

-tr, ttr-★

tree	[tʃriy]	을**츄r뤄**이
	green	
true	[tʃruw]	을**츄r루**우
	blue	
introduce	[ɪn-tʃrə-duws]	인-**츄r뤄**-두우s
	pink plum blue	
attract	[ə-tʃrækt]	어-**츄r래**악t
	plum black	

★ 사전에서 [tr]라고 표기해도 실제 발음은 [tʃr]입니다. 36강에서 더 연습하세요!

16강 ine의 세 가지 소리

-ine

[ayn]

lime

아인

[ɪn]

pink

인

[iyn]

green

이인

- ine의 i 발음은 lime [ay], pink [ɪ], green [iy] 세 가지로 나뉩니다.
- 1음절 단어일 경우 lime의 [ay] 소리로 정리할 수 있지만, 2음절 이상의 단어들은 규칙을 찾을 수 없습니다. 아쉽지만 외우는 게 정답입니다.

-ine [ɑyn]

line	[lɑyn]	을**라**인
	lime	
pine	[pɑyn]	파아인
	lime	
vine	[vɑyn]	v바아인
	lime	
wine / whine	[wɑyn]	우**와**인
	lime	

-ine [ɪn]

engine	[én-ʤɪn]	엔-줜
	red pink	
imagine	[ɪ-mǽ-ʤɪn]	이-매아-줜
	pink black pink	
medicine	[mé-dɪ-sɪn]	음메-리-쓴
	red pink pink	
examine	[ɪg-zǽ-mɪn]	익-z재아-민
	pink black pink	

-ine [iyn]

machine	[mə-ʃíyn]	음머-**쉬인**
	plum green	
marine	[mə-ríyn]	음머-**r뤼인**
	plum green	
magazine	[mæ̀-gə-źiyn]	음매아-그-**z지인**
	black plum green	
limousine	[lɪ̀-mə-ziyn]	을리-머-**z지인**
	pink plum green	

oo의 두 가지 소리
: cookie vs school

-OO-

[ʊ]	[uw]
cookie	blue
으어	우우

- oo가 두 가지 소리로 나뉜다는 것을 알고 연습해야 합니다.
- -ook과 -ood의 oo는 cookie의 [ʊ]로 발음합니다.
- -ool의 oo는 blue의 [uw]로 발음합니다. (wool만 예외)

-oo- [ʊ]

took	[tʊ̇k]	트억
	cookie	
book	[bʊ̇k]	브억
	cookie	
look	[lʊ̇k]	을르억
	cookie	
shook	[ʃʊ̇k]	슈으억
	cookie	
good	[gʊd]	그어d
	cookie	
cookie	[kʊ́-kiy]	크어-끼이
	cookie green	
wool	[wʊl]	우워°
	cookie	

-oo- [uw]

cool	[kuwl]	쿠오°
	blue	
school	[skuwl]	ㅅ꾸오°
	blue	
fool	[fuwl]	f푸오°
	blue	
shoot	[ʃuẇt]	슈욷
	blue	
food	[fuwd]	f푸우d
	blue	
pool	[puwl]	푸오°
	blue	
root	[ruẇt]	r루욷
	blue	

c의 두 가지 소리
: soft c, hard c

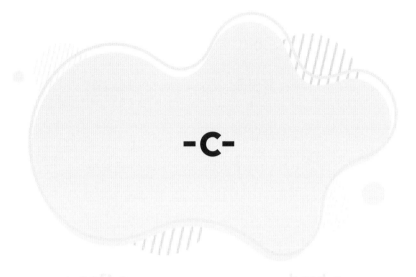

-C-

soft c | hard c

-ce- / -ci- / -cy-	ca- / co- / cu-
[s]	[k]
as in **ce**ll, **ci**ty, **cy**st	as in **ca**ll, **ca**t, **cu**p
쓰	크 / 끄

- c 뒤에 e, i, y가 오면 [s] 소리가 납니다. (soft c)
- c 뒤에 e, i, y가 아닌 다른 모음(주로 a, o, u)이 오면 [k] 소리가 납니다. (hard c)
- 이 법칙에서 벗어나는 경우는 거의 없으니 연습해 보세요!

soft c [s]

cell	[sel] _{red}	쎄어°
cent	[sent] _{red}	쎈t
juice	[dʒuws] _{blue}	은쥬우s
cement	[sə-mént] _{plum red}	쓰-멘t
cite	[sɑyt] _{lime}	싸잍
recipe	[ré-sɪ-piy] _{red pink green}	r뤠-쓰-피이
cycle	[sɑy-kəl] _{lime plum}	싸이-꺼°
cyst	[sɪst] _{pink}	씨st (쌔st)
lacy	[ley-siy] _{navy green}	을래이-씨이

hard c [k]

call	[kɔl] _{strawberry}	커어°
can	[kæn] _{black}	캐안
cake	[keyk] _{navy}	케잌
cot	[kɑt] _{olive}	카앝
cold	[kowld] _{gold}	코우°d
cook	[kʊk] _{cookie}	크윽
cup	[kəp] _{plum}	컾
cute	[kyuwt] _{blue}	큐웉
cuff	[kəf] _{plum}	커f

g의 두 가지 소리
: soft g, hard g

-g-

-ge- / -gi- / -gy-	-ga- / -go- / -gu-
[ʤ]	[g]
as in **ge**l, **gi**ant, **gy**m	as in **g**ate, **g**ot, **g**um
쥬	그

- g 뒤에 e, i, y가 오면 [ʤ] 소리가 납니다. (soft g)
- g 뒤에 e, i, y가 아닌 다른 모음(특히 a, o, u)이 붙으면 [g] 소리가 납니다. (hard g)
- 예외로는 **get**, **give**, **foggy**가 있습니다.

soft g [ʤ]

gel	[ʤel] red	은줴어ᄋ
huge	[hyuwʤ] blue	휴우~쥬
gentle	[ʤén-təl] red plum	은젠-터ᄋ
religion	[rɪ-lɪ́-ʤən] pink pink plum	r뤠-을래-줜
register	[ré-ʤɪ-stər] red pink purple	r뤠-쥬-스떨
gym	[ʤɪm] pink	은쥐음
gypsy	[ʤɪ́p-siy] pink green	은쥡-씨이

hard g [g]

gal	[gæl] black	개아ᄋ
gate	[geyt] navy	게잍
vegan	[víy-gən] green plum	v비이-근
got	[gɑt] olive	가앝
gold	[gowld] gold	고우ᄋd
god	[gɑd] olive	가아d★
gum	[gəm] plum	검(금)
gut	[gət] plum	겉(긑)
guess	[ges] red	게s

★ [d] 끝소리는 혀끝을 차듯이 발음하세요.

20강 ex의 두 가지 소리

ex-

[ɪgz]	[eks]
pink	red
익z	엑s

- ex의 '익z' 소리와 '엑s' 소리는 강세로 구별합니다.
- ex에 강세가 없으면 '익z'로 발음하고, 강세가 있으면 '엑s'로 발음합니다.

ex- [ɪgz]

exam   [ɪg-źæm]   익-z재암
<small>pink   black</small>

example   [ɪg-źæm-pəl]   익-z재암-뻐°
<small>pink   black   plum</small>

exist   [ɪg-źɪst]   익-z지st
<small>pink   pink</small>

executive   [ɪg-źe-kyə-dɪv]   익-z제-꺼-리v
<small>pink   red   plum   pink</small>

ex- [eks]

exhibition   [ék-sɪ-bɪ-ʃən]   엑-쌔-비-션
<small>red   pink   pink   plum</small>

execute   [ék-sɪ-kyuwt]   엑-쎄-큐웉
<small>red   pink   blue</small>

exercise   [ék-sər-sayz]   엑-쓰얼-싸이z
<small>red   purple   lime</small>

ex-   품사에 따라 발음이 결정되기도 합니다.

exhibit (v.)   [ɪg-źɪ-bɪt]   익-z재-빝
<small>pink   pink   pink</small>

exhibition (n.)   [ék-sɪ-bɪ-ʃən]   엑-쌔-비-션
<small>red   pink   pink   plum</small>

exit (v.)★   [ég-zɪt]   엑-z짙
<small>red   pink</small>

exit (n.)   [ék-sɪt]   엑-씥
<small>red   pink</small>

★ exit - 품사가 달라도 e 부분의 발음이 같은 경우가 있습니다.

21강 L의 끝소리 발음 비법

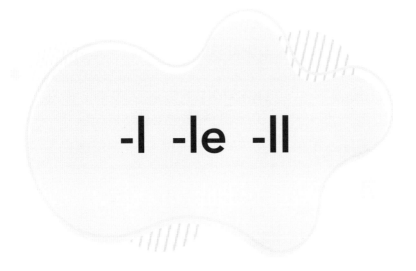

-l -le -ll

[əl]	[ow + l]
plum	gold
as in boi**l**, mi**le**	as in s**oul**, h**ole**
어°	오오°

- [l] 끝소리를 발음할 때 주의할 점은 우리말의 'ㄹ' 받침처럼 혀를 윗니 뒤에 댈 필요가 없다는 것입니다.
- 혀를 윗니 뒤에 대지 않고, 목구멍을 열어 주면서 'ㄹ' 받침 소리처럼 들리게 합니다.
  그래서 이 책에서는 목구멍을 여는 끝맺음을 ○로 나타냈습니다.

[əl]

boil	[boyəl]	보**이어**°
	oyster plum	
meal	[miyəl]	음미**이어**°
	greenplum	
mile	[mayəl]	음마**이어**°
	lime plum	
sale	[seyəl]	쎄**이어**°
	navy plum	

[owl]

soul	[sowl]	쏘**오**°
	gold	
coal	[kowl]	코**오**°
	gold	
hole	[howl]	호**오**°
	gold	
pole	[powl]	포**오**°
	gold	
toll	[towl]	토**오**°
	gold	
troll	[ʧrowl]	을츄r로**오**°
	gold	

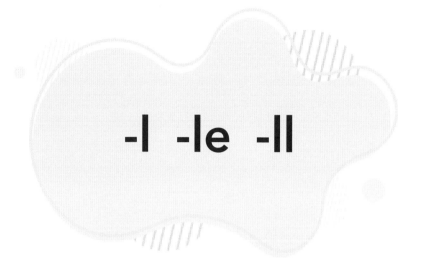

-l -le -ll

[ow + l]	[ɔ + l]
gold	strawberry
as in b**owl**, p**ole**	as in c**all**, P**aul**
오오°	어어°

- [l] 끝소리 앞의 모음이 [ow]일 때와 [ɔ]일 때, 두 가지 소리를 구분해서 연습하세요.
- [ow + l]의 발음은 '**오우 + 어**'가 아닌 '**오오**' 발음을 하면 정확한 소리가 납니다.

[owl]

bowl	[bowl]	보오°
	gold	
soul	[sowl]	쏘오°
	gold	
coal	[kowl]	코오°
	gold	
hole	[howl]	호오°
	gold	
pole	[powl]	포오°
	gold	
toll	[towl]	토오°
	gold	

[ɔl]

ball	[bɔl]	버어°
	strawberry	
call	[kɔl]	커어°
	strawberry	
hall	[hɔl]	허어°
	strawberry	
Paul	[pɔl]	퍼어°
	strawberry	
tall	[tɔl]	터어°
	strawberry	

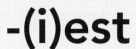

최상급 1

최상급 2

-est

[ɪst]

pink

애st

-iest

[iy-ɪst]

green pink

이이-애st

- 형용사의 최상급을 나타내는 est는 [ɪst]로 읽으면 됩니다.
- y로 끝나는 형용사의 경우 y를 i로 바꾸고 est를 붙이지만 y의 [iy] 발음을 그대로 유지하면서 [ɪst]로 이어집니다. 즉 [iy + ɪst]가 되지요.

-est

sweetest	[swíy-dɪst]	스위이-래st
greatest	[gréy-dɪst]	구r뤠이-래st
cutest	[kyúw-dɪst]	큐우-래st
latest	[léy-dɪst]	을레이-래st
weakest	[wíyk-ɪst]	우위잌-깨st
quickest	[kwíɪk-ɪst]	쿠윜-깨st

green pink / navy pink / blue pink / navy pink / green pink / pink pink

-iest

prettiest	[prí-diy-ɪst]	푸r뤼-리이-애st
juiciest	[ʤúw-siy-ɪst]	은쥬우-씨이-애st
luckiest	[lə́-kiy-ɪst]	을러-끼이-애st
loveliest	[lə́v-liy-ɪst]	을러v-을리이-애st
tidiest	[táy-diy-ɪst]	타이-리이-애st
craziest	[kréy-ziy-ɪst]	쿠r뤠이-z지이-애st

pink green pink / blue green pink / plum green pink / plum green pink / lime green pink / navy green pink

[kw]

as in **qu**ick, **qu**it / 연속자음

쿠워

- 두 가지 자음 음소가 만날 때 각 소리가 유지되는 것을 연속자음(blend)이라고 합니다.
- 우리말에서는 **'퀴즈', '퀘스트'**처럼 한번에 발음하지만 영어에선 [k]와 [w] 두 음소를 따로 천천히 발음하여 이어지게 해야 합니다. 곧 **'쿠워'**가 되는 거죠.
- qu 소리를 냈는데 원어민이 알아듣지 못했다면, **'퀴'** 소리를 냈기 때문입니다.

qu- [kw]

quit	[kwɪ̲t] pink	쿠윝
quick	[kwɪ̇k] pink	쿠윜
quilt	[kwɪ̲lt] pink	쿠외어°t
queen	[kwiyn] green	쿠위인
quiet	[kẃay-ə̲t] lime plum	쿠와이-읕
quite	[kwayt̓] lime	쿠와잍
quake	[kwe̲yk̓] navy	쿠웨익
quote	[kwowt̓] gold	쿠오욷

qu- qu가 [kw] 발음이 아닌 경우

quiche	[kiy̲ʃ] green	키이쉬
quinoa	[ḱiy-nwɑ̲] green olive	키-누와
queue	[kyu̲w] blue	큐우

ch- ch가 [kw] 발음이 되는 경우

choir	[kwɑ̲yr] fire	쿠와이얼

81

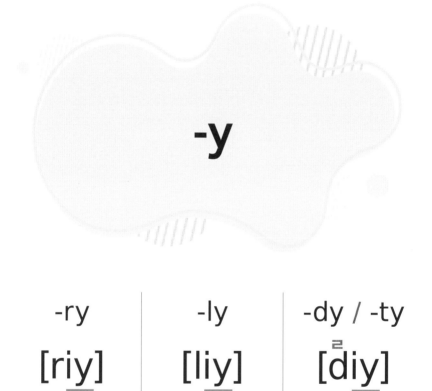

-y

-ry	-ly	-dy / -ty
[riy]	[liy]	ᷞ[diy]
green	green	green
r뤼이	을리이	리이

- 앞에서 y가 단어의 마지막 글자일 경우 green [iy] 발음이라고 설명했습니다. 정확히 말하면 y의 바로 앞 글자가 자음일 때 [iy] 소리를 냅니다.
- ry, ly, dy, ty 모두 y 앞에 자음이 보이죠? 그래서 이 경우에는 y를 green의 [iy]로 발음합니다.

-ry

very	[vé-riy] red green	v베-r뤼이
berry	[bé-riy] red green	베-r뤼이
carry	[ké-riy]★ red green	케-r뤼이
every	[év-riy] red green	에v-r뤼이
library	[láy-bre-riy] lime red green	을라이-브r뤠-r뤼이

-ly

really	[ríy-liy] green green	r뤼이-을리이
belly	[bé-liy] red green	베-을리이
silly	[sɪ́-liy] pink green	쓰-을리이
lily	[lɪ́-liy] pink green	을리-을리이

-dy, -ty

body	[bá-diy] olive green	바아-리이
muddy	[mə́-diy] plum green	음머-리이
lady	[léy-diy] navy green	을레이-리이
city	[sɪ́-diy] pink green	씨-리이
pretty	[prɪ́-diy] pink green	푸r뤼-리이
beauty	[byúw-diy] blue green	비유-리이

★ carry의 a는 [æ]로도 표기하지만 주로 [e]로 발음합니다.

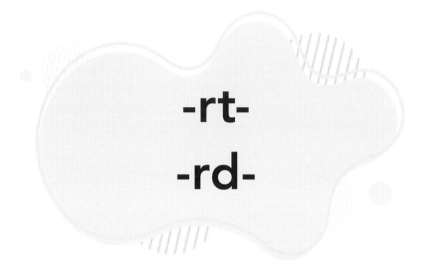

-rt-
-rd-

ㄹ/ㄷ
[r-dəv]
plum
r-더

ㄹ/ㄷ
[r-dəl]
plum
r-더어°

ㄹ/ㄷ
[r-dər]
purple
r-덜

- r과 t가 연달아 들어간 단어들은 한국인이 발음하기 어렵습니다. 우리말로 정확히 표시할 문자가 없기 때문입니다.
- r 뒤의 t, d 약음은 'ㄹ'과 'ㄷ'을 동시에 소리 낸다고 생각하면 좀 더 쉽게 발음할 수 있습니다.

[r-dəv]

sort of	[sór-dəv] corn plum	쏘올-더v
part of	[pár-dəv] tart plum	파알-더v

[r-dəl]

turtle	[tə́r-dəl] purple plum	털-더°
girdle	[gə́r-dəl] purple plum	글-더°

[r-dər]

quarter	[kwór-dər] corn purple	쿠올-덜
order	[ór-dər] corn purple	오올-덜
murder	[mə́r-dər] purple purple	음멀-덜
martyr	[már-dər] tart purple	음마알-덜

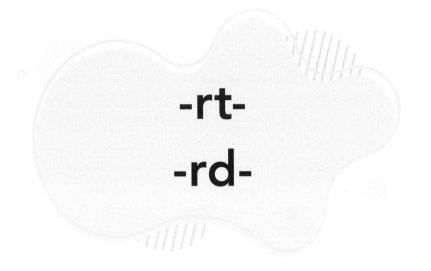

ㄹ/ㄷ
[r-diy]
green

r-디이

ㄹ/ㄷ
[r-dɪd]
pink

r-디d

- r 뒤의 t, d 약음은 '**ㄹ**'과 '**ㄷ**'을 동시에 소리 내듯 발음한다는 것을 공부했습니다.
- 이러한 rt, rd 약음에 y가 붙을 때는 그대로 [iy]를 이어 발음하고, 과거형의 -ed가 붙을 때는 [ɪd]를 이어서 발음하면 됩니다.

rt, rd + [iy]

party	[pár-diy] <small>tart green</small>	파알-**디이**
dirty	[də́r-diy] <small>purple green</small>	ㅈ더얼-**디이**
thirty	[θə́r-diy] <small>purple green</small>	θ떨-**디이**
forty	[fór-diy] <small>corn green</small>	f포올-**디이**
nerdy	[nə́r-diy] <small>purple green</small>	널-**디이**
sturdy	[stə́r-diy] <small>purple green</small>	스떨-**디이**
wordy	[wə́r-diy] <small>purple green</small>	우월-**디이**
tardy	[tár-diy] <small>tart green</small>	타알-**디이**

rt + [ɪ]

parted	[pár-dɪd] <small>tart pink</small>	파알-**디d**
sorted	[sór-dɪd] <small>corn pink</small>	쏘올-**디d**
imported	[ɪm-pór-dɪd] <small>pink corn pink</small>	임-포올-**디d**
reported	[rɪ-pór-dɪd] <small>pink corn pink</small>	r뤼-포올-**디d**
started	[stár-dɪd] <small>tart pink</small>	스따알-**디d**
inserted	[ɪn-sə́r-dɪd] <small>pink purple pink</small>	인-써얼-**디d**

t, d가 약음이 아닌 경우 (자체 강세가 있을 때)

| thirteen | [θə́r-tiyn]
<small>purple green</small> | θ떨-**티**인 |
| Aberdeen | [æ-bər-díyn]
<small>black purple green</small> | 애아-벌-**디**인 |

rr + r의 발음

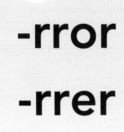

-rror

-rrer

[r-ər]

purple

얼-얼

- rr + r 발음은 원리를 알면 아주 쉽습니다. 혀를 말아 **'얼~'** 하는 상태에서 [r]을 한 번 더 발음하면 됩니다. **'얼~ + 얼'** 이렇게요.
- mirror은 **'미얼 + 얼'**로 하면 됩니다. 원어민의 mirror 발음을 들어 보면 워낙 빨라서 **'미얼'**이라고 하는 것처럼 들립니다.

-rror, -rrer

error	[ér-(ər)]	에**얼**-(얼)
	air purple	
mirror	[mír-(ər)]	음미**얼**-(얼)
	beer purple	
terror	[tér-(ər)]	테**얼**-(얼)
	air purple	
horror	[hór-(ər)]	호**얼**-(얼)
	corn purple	
stirrer	[stər-(ər)]	스**떨**-(얼)
	purple purple	

-rror + 다른 접미어

errorless	[ér(-ər)-lɪs]	에얼-r**뤨**-리s
	air purple pink	에**얼**-리s
		간단히 할 때
mirrors	[mír(-ər)s]	음미-r**뤨**s
	beer purple	음미**얼**s
		간단히 할 때
mirroring	[mír(-ər)-ɪŋ]	음미-r**뤄**-r링
	beer purple pink	음미**얼**-r링
		간단히 할 때
terrorist	[tér(-ər)-ɪst]	테-r**뤄**-r**뤼**st
	air purple pink	테**얼**-r**뤼**st
		간단히 할 때

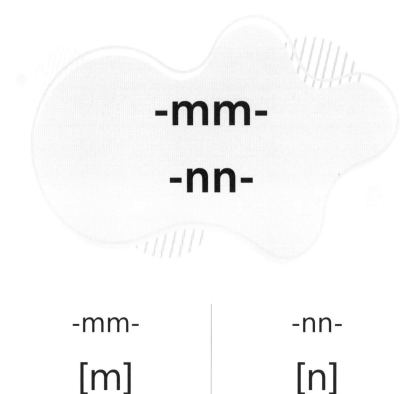

-mm-

-nn-

-mm-	-nn-
[m]	[n]

- m과 mm의 소리는 같습니다. n과 nn의 소리도 같지요. 철자가 두 개 있다고 해서 두 번 소리 내는 것이 아닙니다.
- '**콤마**(comma)', '**썸머**(summer)'는 잘못된 방식입니다. 소리는 한 번만. 아시겠죠?

-mm-

Emma	[é-mə]	에-마
	<small>red plum</small>	
common	[kɑ-mən]	카아-믄
	<small>olive plum</small>	
summon	[sə-mən]	써-믄
	<small>plum plum</small>	
summer	[sə-mər]	써-멀
	<small>plum purple</small>	
hammer	[hæ-mər]	해아-멀
	<small>black purple</small>	
humming	[hə-mɪŋ]	허-밍
	<small>plum pink</small>	

-nn-

cunning	[kə-nɪŋ]	커-닝
	<small>plum pink</small>	
running	[rə-nɪŋ]	r뤄-닝
	<small>plum pink</small>	
inner	[í-nər]	이-널
	<small>pink purple</small>	
channel	[tʃæ-nəl]	을췌아-너°
	<small>black plum</small>	
sunny	[sə-niy]	써-니이
	<small>plum green</small>	
connect	[kə-nékt]	거-넼t
	<small>plum red</small>	

or-er
ar-er

[or - ər]

corn   purple

오우얼-얼

- [r] 발음을 어려워하는 분들을 위한 연습입니다.
- corn [or] – purple [ər] 연습부터 해 보세요. 빠르게 하면 **'오올'** – **'얼'**처럼 들리기도 합니다.
- purple [ər] – purple [ər], tart [ɑr] – purple [ər]의 조합도 연습해 보세요.

[or] + [ər]

warmer	[wór-mər] <small>corn purple</small>	우**오**얼-멀
former	[fór-mər] <small>corn purple</small>	f**포**우얼-멀
corner	[kór-nər] <small>corn purple</small>	**코**우얼-널

[or] + [dər]

shorter	[ʃór-dər] <small>corn purple</small> <small>ㄹ/ㄷ</small>	**쇼**우얼-덜
recorder	[rɪ-kór-dər] <small>pink corn purple</small> <small>ㄹ/ㄷ</small>	r뤼-**코**우얼-덜
border	[bór-dər] <small>corn purple</small> <small>ㄹ/ㄷ</small>	**보**우얼-덜
mortar	[mór-dər] <small>corn purple</small> <small>ㄹ/ㄷ</small>	음**모**우얼-덜

[ər] + [ər]

turner	[tə́r-nər] <small>purple purple</small>	**털**-널
burner	[bə́r-nər] <small>purple purple</small>	**벌**-널
merger	[mə́r-dʒər] <small>purple purple</small>	음**멀**-쥘

[ɑr] + [ər]

tartar	[tɑ́r-dər] <small>tart purple</small> <small>ㄹ/ㄷ</small>	**타**알-덜
charger	[tʃɑ́r-dʒər] <small>tart purple</small>	은**촤**알-쥘
Carter	[kɑ́r-dər] <small>tart purple</small> <small>ㄹ/ㄷ</small>	**카**알-덜
farmer	[fɑ́r-mər] <small>tart purple</small>	f**파**알-멀

pink

이어°
'애어°'와의 중간 소리

- il에서 i는 pink의 [ɪ] 소리를 내고, [l] 끝소리는 '어' 하면서 목구멍을 열어 줍니다.
- '일'처럼 딱 떨어지게 발음하지 않고 '이어'와 '애어'의 중간 소리를 내면 됩니다.

-il-

milk	[mɪlk]	음미엌
	pink	
film	[fɪlm]	f피엄
	pink	
silk	[sɪlk]	씨엌
	pink	
kiln	[kɪln]	키언
	pink	
silver	[śɪl-vər]	씨어°-v벌
	pink purple	
filter	[fɪl-tər]	f피어°-털
	pink purple	
filming	[fɪl-mɪŋ]	f피어°-밍
	pink pink	
silky	[śɪl-kiy]	씨어°-끼
	pink green	

32강   첫 음절 al의 두 가지 소리

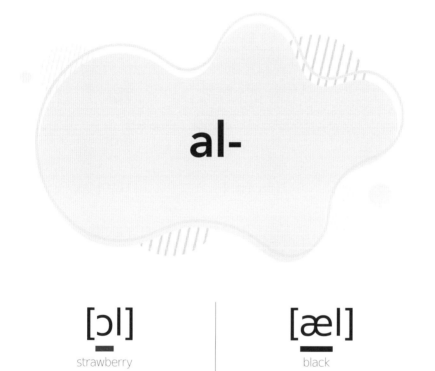

al-

[ɔl]	[æl]
strawberry	black
어어°	애아°

- al로 시작되는 단어의 al 발음은 strawberry의 [ɔ], black의 [æ] 두 가지 소리로 나뉩니다.
- [l] 끝소리는 '얼'이 아니라 '어' 하며 목구멍을 여는 소리(○)입니다. 꼭 외워 두세요!

al- [ɔl]

almost   [ɔ́(l)-mowst̪]   어어°-모우st
<small>strawberry   gold</small>

already   [ɔ(l)-ŕe-d̪iy]   어어°-r뤠-리이
<small>strawberry   red   green</small>

always   [ɔ́(l)-weyz]   어어°-웨이z
<small>strawberry   navy</small>

alter   [ɔ́(l)-t̪ər]   어어°-털
<small>strawberry   purple</small>

almond   [ɔ́(l)-mənd]★   어어°-믄d
<small>strawberry   plum</small>

al- [æl]

alcohol   [ǽl-kə-hɔl]   애아°-꺼-허°
<small>black   plum strawberry</small>

alchemy   [ǽl-kə-miy]   애아°-끄-미이
<small>black   plum   green</small>

album   [ǽl-bəm]   애아°-븜
<small>black   plum</small>

alphabet   [ǽl-fə-bet̪]   애아°-f퍼-벹
<small>black   plum   red</small>

★ almond는 [l] 소리 없이 [ɑ́-mənd] '아-믄d'로 발음하기도 합니다.

33강   d가 소리 나지 않을 때

-nd-
-dn-

[nd]

ㄴ / 은느

- n 소리와 연결된 d는 소리를 거의 내지 않습니다.
- 굳이 [d]를 '드'라고 발음하지 않고 무시하는 것이 원어민 소리에 더 가깝습니다.
- 사전에는 d가 표기되어 있어도, 실제 소리를 들어보면 d는 미세한 흔적만 있습니다.

-nd-

handmade	[hǽnᵈ-meyd] black navy	해**안**-메이d
handful	[hǽnᵈ-fəl] black plum	해**안**-f퍼°
handsome	[hǽnᵈ-səm] black plum	해**안**-쏨
handkerchief	[hǽnᵈ-kər-ʧɪf] black purple pink	해**안**-껄-춰f

-nd-, -dn-

sandwich	[sǽnᵈ-wɪʧ] black pink	쌔**안**-위~츄
landfill	[lǽnᵈ-fɪl] black pink	을래**안**-f피어°
Wednesday	[wénz-dey] red navy	우**웬**z-데이
endless	[énᵈ-ləs] red plum	**엔**-을르s

34강 [aw] 소리가 '야우'일 때

-ou-

-ow-

[aw]

brown

야우

- [aw]는 대부분의 자음 뒤에서 **'아우'**로 발음됩니다.
- 하지만 철자 c, d, e, n, r, t 다음에 오는 [aw] 소리는 **'야우'**에 가깝습니다.

-ou-

noun	[nawn] brown	냐아운
around	[ə-ŕawnd] plum brown	어-r**랴아운**d
announce	[ə-ńawns] plum brown	어-**냐아운**s
pronounce	[prə-ńawns] plum brown	프뤄-**냐아운**s

-ow-

cow	[kaw] brown	**캬**아우
town	[tawn] brown	**탸**아운
down	[dawn] brown	ㅈ**댜**아운
browse	[brawz] brown	부r**랴**아우z
meow	[míy-aw] green brown	음미이-**야**아우
crown	[krawn] brown	쿠r**랴**아운

[dr] [dʒr]

사전 발음기호   실제 발음

쥬r루

- d와 r이 만난 연속자음 소리에서 d가 변형되어 '드루'가 아닌 '쥬r루' 소리가 납니다.
  (발음기호를 보기 전에 사전의 소리 버튼을 눌러 보는 습관을 키우세요!)
- 사전의 발음기호가 [dr]이라고 해도, 실제 소리는 [dʒr]에 가깝습니다.
- 이 책에서는 철자 dr의 발음을 [dʒr]로 표기했습니다. 철자 dr이 보이면 '쥬r루'로 발음하는
  습관을 들이세요.

dr- [ʤɝr]

dream   [ʤɝriym]   을쥬r뤼임

green

dress   [ʤɝres]   을쥬r뤠s

red

drill   [ʤɝrɪl]   을쥬r뤼어°

pink

drip   [ʤɝrɪṗ]   을쥬r륖

pink

draw   [ʤɝrɔ]   을쥬r뤄어

strawberry

drastic   [ʤɝ́ӕ-stɪ̇k]   을쥬r뤠아-스떨

black   pink

drool   [ʤɝruwl]   을쥬r루우어°

blue

drone   [ʤɝrown]   을쥬r로운

gold

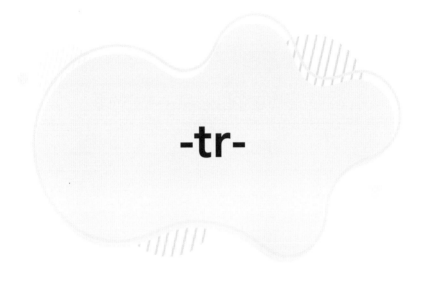

[tr] **[t͡ʃr]**

사전 발음기호   실제 발음

츄r루

- tr은 예외 없이 **[t͡ʃr]** '**츄r루**'로 발음합니다.
- 사전에서는 **[tr]**로만 표기하지만, 이 책에서는 철자 tr의 발음을 **[t͡ʃr]**로 표기했습니다.
  철자 tr이 보이면 '**츄r루**'로 발음하는 습관을 들이세요.

-tr- [ʧr]

tree	[ʧriy] green	을츄r뤼이
true	[ʧruw] blue	을츄r루우
trim	[ʧrɪm] pink	을츄r륌
try	[ʧray] lime	을츄r롸이
trust	[ʧrəst] plum	을츄r뤄st
troop	[ʧruwp̣] blue	을츄r루웊
entry	[én-ʧriy] red green	엔-츄r뤼이
actress	[ǽk-ʧrəs] black plum	애악-츄r뤄s

참고!
철자가 tr이 아닌데 발음이 [tr]인 경우 : interesting 인-츄뤠s-띵

ary의 발음 두 가지

red   green

에-r뤼이

[ə-riy]
plum   green

어-r뤼이

• ary로 끝나는 단어들은 보통 [ə-riy] '**어r뤼이**'라고 발음하지만 의외로 [e-riy] '**에r뤼이**'로
발음되는 경우도 많습니다.

-ary [e-riy]

ordinary	[ór-də-nè-riy]	오올-더-**네**-r뤼이
	corn plum red green	
secretary	[sé-krə-tè-riy]	쎄-끄r뤄-**테**-r뤼이
	red plum red green	
dictionary	[dík-ʃə-nè-riy]	ㅈ딕-셔-**네**-r뤼이
	pink plum red green	
vocabulary	[vow-kǽ-byə-lè-riy]	v보우-캐아-벼-을**레**-r뤼이
	gold black plum red green	

-ary [ə-riy]

boundary	[báwn-də-riy]	바운-더-r뤼이
	brown plum green	
summary	[sə́-mə-riy]	써-머-r뤼이
	plum plum green	
salary	[sǽ-lə-riy]	쌔아-을러-r뤼이
	black plum green	
glossary	[glá-sə-riy]	글라-써-r뤼이
	olive plum green	

깜짝 비교

commentary	complimentary
[ká-mən-tè-riy]	[kàm-plə-mén-tə-riy]
olive plum red green	olive plum red plum green
카-은-테-r뤼이	캄-쁠러-멘-터-r뤼이

38강　rth, thr의 발음

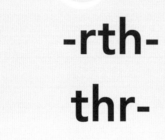

-rth-
thr-

-rth-	-rth-	thr-
[θ]	[ð]	[θ]
θ뜨	ð드	θ뜨r루

- th의 발음은 무성음 [θ] **'뜨'**와 유성음 [ð] **'드'**로 나뉩니다.
- 각각 **'뜨'**와 **'드'**처럼 발음하되 혀를 살짝 내밀며 소리를 냅니다.
- [r] 소리와 연결되는 -rth, thr- 발음으로 연습하면서 두 소리의 차이를 확인해 보세요.

-rth-

forth	[forθ]	f포우얼θ뜨
	corn	
farther	[fár-ðər]	f파알-ᵈ덜
	tart purple	
further	[fə́r-ðər]	f펄-ᵈ덜
	purple purple	
northern	[nór-ðərn]	은노우얼-ᵈ덜ㄴ
	corn purple	

thr-

three	[θriy]	θ뚜r뤼이
	green	
throw	[θrow]	θ뚜r로우
	gold	
thrift	[θríft]	θ뚜r뤼ft
	pink	
through	[θruw]	θ뚜r루우
	blue	
thrill	[θríl]	θ뚜r뤼어°
	pink	
thrust	[θrəst]	θ뚜r뤄st
	plum	
threat	[θret]	θ뚜r뤱
	red	
thrive	[θrayv]	θ뚜r롸이v
	lime	

-dle -ddle
-tle -ttle

[dəl]

plum

러°

- '누들' '리틀' '보틀' '미들'에 익숙한 한국인은 '들', '를' 하던 습관을 고치기 어렵습니다.
- '를'이라고 했던 것을 '러'로 바꾸어 발음하면 10년 묵은 한국식 발음이 금방 바뀝니다.
- [l] 끝소리는 받침이 아니라 '어' 하며 목구멍을 연다고 했죠? 힘을 빼는 것이 포인트입니다.

-ddle, -dle

middle	[mɪ́-dəl]	pink plum	음매-러°
cuddle	[kə́-dəl]	plum plum	커-러°
puddle	[pə́-dəl]	plum plum	퍼-러°
paddle	[pǽ-dəl]	black plum	패아-러°
doodle	[dúw-dəl]	blue plum	ㅈ두우-러°
noodle	[núw-dəl]	blue plum	누우-러°
poodle	[púw-dəl]	blue plum	푸우-러°
idle	[áy-dəl]	lime plum	아이-러°

약음이
되지 **않는** 경우
(n이 앞에 있을 때)

handle
[hǽn-dəl]
black plum
해안-더°

gentle
[dʒén-təl]
red plum
읃줸-터°

-ttle, -tle

little	[lɪ́-dəl]	pink plum	을래-러°
cattle	[kǽ-dəl]	black plum	캐아-러°
settle	[sé-dəl]	red plum	쎄-러°
battle	[bǽ-dəl]	black plum	배아-러°
bottle	[bɑ́-dəl]	olive plum	바아-러°
beetle	[bíy-dəl]	green plum	비이-러°
brittle	[brɪ́-dəl]	pink plum	부r뤄-러°
turtle	[tə́r-dəl] (ㄹ/ㄷ)	purple plum	털-더°

다음 중 **약음**으로
발음하지 **않는**
단어는?

① Skittles
② mantle
③ title

정답 : ②

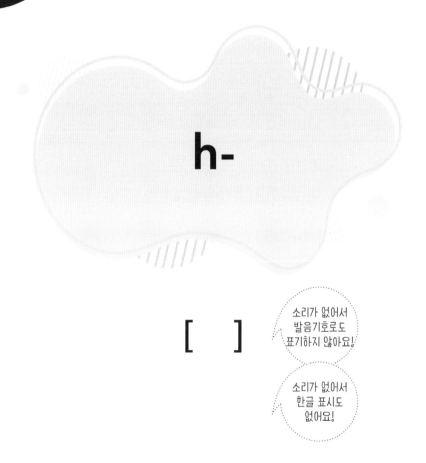

h-

[　]

소리가 없어서
발음기호로도
표기하지 않아요!

소리가 없어서
한글 표시도
없어요!

- 미국 영어에서는 단어가 h로 시작될 때 소리를 내지 않는 경우가 많습니다.
- 미국 영어나 영국 영어에 상관없이, 단어 중간에 포함된 h는 소리가 나지 않습니다.

h-

heir   [er]   에열
     _{air}

honest   [á-nəst]   아아-ㄴst
     _{olive   plum}

honor   [á-nər]   아아-널
     _{olive   purple}

hour   [awr]   아월
     _{brown}

herb   [ərb]   얼b
     _{purple}

-h-

exhaust   [ɪg-zɔ́st]   익-z저어-st
     _{pink   strawberry}

exhibit   [ɪg-zɪ́-bɪt]   익-z재-빝
     _{pink   pink   pink}

vehicle   [víy-ɪ-kəl]   v비이-어-꺼°
     _{green pink plum}

ghost   [gowst]   고우st
     _{gold}

rhyme   [raym]   r롸임
     _{lime}

rhino   [ráy-now]   r롸이-노우
     _{lime   gold}

sp-

[sp] ᄈ

p의 된소리 현상

스쁘

• s와 p가 만나면 **'스프'**가 아닌 **'스쁘'**로 발음되며, 예외 없이 p가 된소리가 됩니다.

s + p = sp 스쁘 | s + pr = spr 스쁘r루

sp-

spa	[spɑ] _{olive}	스빠아
spoon	[spuwn] _{blue}	스뿌운
spot	[spɑt] _{olive}	스빠앝
space	[speys] _{navy}	스뻬이s
spin	[spɪn] _{pink}	스삔
spoil	[spoyəl] _{oyster plum}	스뽀이어°
split	[splɪt] _{pink}	스쁠맅
spray	[sprey] _{navy}	스뿌r뤠이

[st]의 [t]는 된소리

st-

[st]

t의 된소리 현상

스뜨

• s와 t가 만나면 '스트'가 아니라 '스뜨'로 발음되며, 예외 없이 t가 된소리가 됩니다.

st-

still	[stɪl] _{pink}	스띠어°
story	[stór-iy] _{corn green}	스또오-r뤄이
storm	[storm] _{corn}	스또우어r음
stay	[stey] _{navy}	스떼이
stupid	[stúw-pɪd] _{blue pink}	스뚜우-빼d
steam	[stiym] _{green}	스띠이임
sty	[stɑy] _{lime}	스따이

★ str의 발음은 살짝 달라요! 12강을 참고하세요.

s + t = st 스뜨 | s + tr = str 스쭈r루

43강 [sk]의 [k]는 된소리

sk-
sch-

[sk]

k의 된소리 현상

스끄

- s와 k가 만나면 [k] 소리는 본연의 '크'가 아니라 된소리 '끄'가 됩니다.
- s 뒤에 [k] 소리를 지닌 ch, cr가 올 때도 [k]는 된소리가 됩니다.

s + k = sk 스끄 | s + chˈ = sch 스끄 | s + cr = scr 스꾸r뤄

sk-

ski	[skiy] green	스끼이
skill	[skɪəl] pink plum	스끼어°
sky	[skɑy] lime	스까이
skin	[skɪn] pink	스낀

sch-, sc-

school	[skuwl] blue	스꾸오°
scream	[skriym] green	스꾸ㄹ뤼임
scale	[skeyəl] navy plum	스께이어°
score	[skor] corn	스꼬우얼

p의 두 가지 소리

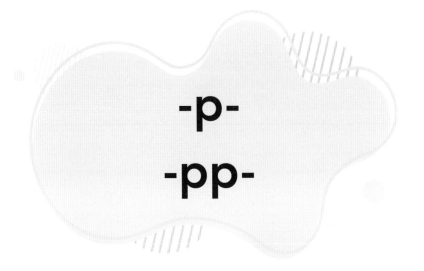

^빠**[p]**

p의 된소리 현상

쁘

[p]

p의 본래의 소리

프

- 단어 중간에 있는 **[p]**는 본래의 소리 '**프**'와 된소리 '**쁘**', 두 가지로 나뉩니다.
- 단어의 강세 위치를 보면 '**프**'와 '**쁘**'를 쉽게 구분할 수 있습니다.
- 강세 위치와 된소리의 관계를 잘 보세요. 답이 보이죠?

-p-, -pp- 강세를 받지 않는 음절의 [p]는 된소리

apple	[ǽ-pəl]	애아-뽀°
	black plum	
simple	[sɪ́m-pəl]	씸-뽀°
	pink plum	
purpose	[pə́r-pəs]	펄-쁘s
	purple plum	
paper	[péy-pər]	페이-뻘
	navy purple	
dropper	[ʤrɑ́-pər]	을쥬r롸아-뻘
	olive purple	
ample	[ǽm-pəl]	애암-뽀°
	black plum	
company	[kə́m-pə-niy]	컴-쁘-니
	plum plum green	
leaping	[líy-pɪŋ]	을리이-삥
	green pink	

-p-, -pp- 강세를 받는 음절의 [p]는 본래의 [p] 소리

apply	[ə-pláy]	어-플라이
	plum lime	
approve	[ə-prúwv]	어-푸r루우v
	plum blue	
comply	[kəm-pláy]	컴-플라이
	plum lime	
appreciate	[ə-príy-ʃiy-eyt]	어-푸r뤼이-쉬-에잍
	plum green green navy	
propose	[prə-pówz]	프r로-포우z
	plum gold	
reply	[rə-pláy]	r뤄-플라이
	plum lime	
complain	[kəm-pléyn]	컴-플레인
	plum navy	

★ 품사에 따라 [p] 발음이 바뀝니다.

apply	application
[ə-pláy]	[æ-plɪ-kéy-ʃən]
plum lime	black pink navy plum
어-플라이	애아-쁠리-케이-션

pink [ɪ] – green [iy] combo

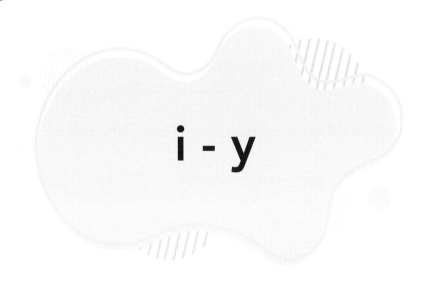

i - y

[ɪ - iy]

pink   green

애 – 이이

- pink [ɪ] – green [iy] 소리가 연달아 나오는 단어들을 연습해 보세요. '이'와 '애'의 중간 소리로 pink [ɪ]를 발음한 뒤 입을 옆으로 많이 찢으면서 '이이[iy]'라고 소리 내는 것이 요령입니다.
- pink [ɪ]에 강세가 있다고 해서 입술에 힘을 주면 green [iy] 발음이 되어 버릴 수 있으니 주의하세요. pink [ɪ] 발음은 '이'와 '애'의 중간 소리에서 벗어나지 않습니다.

[ɪ - iy]

city	[sɪ́-dĭiy] pink green	씨-리이 '씨'와 '쌔'의 중간 소리
pretty	[prɪ́-dĭiy] pink green	푸r뤼-리이 '프뤼'와 '프래'의 중간 소리
kitty	[kɪ́-dĭiy] pink green	키-리이 '키'와 '캐'의 중간 소리
witty	[wɪ́-dĭiy] pink green	우위-리이 '위'와 '왜'의 중간 소리
Jimmy	[dʒɪ́-miy] pink green	을쮀-미이 '쥐'와 '쮀'의 중간 소리
Timmy	[tɪ́-miy] pink green	티-미이 '티'와 '태'의 중간 소리
Lily	[lɪ́-liy] pink green	을리-을리이 '리'와 '래'의 중간 소리
Philly	[fɪ́-liy] pink green	f피-을리이 'f피'와 'f패'의 중간 소리

깜짝 비교

guinea pig	silly pig
[gɪ́-niy pɪg] pink green pink	[sɪ́-liy pɪg] pink green pink
기-니이 피엑	씨-을리이 피엑
'기'와 '개'의 중간 소리	'씨'와 '쌔'의 중간 소리

green [iy] – pink [ɪ] combo

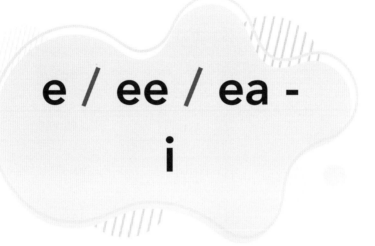

e / ee / ea - i

[iy - ɪ]

green　　pink

이이 - 애
'이'와 '애'의 중간 소리

- 45강과 다르게 이번엔 음소의 순서를 바꾸어 연습해 보겠습니다.
- green [iy]가 pink [ɪ]보다 먼저 올 때는 두 발음의 강약 조절이 중요합니다.
- 힘을 줬다가 빼는 과정이 재빨리 이루어져야 정확한 발음이 나옵니다.

[iy - ɪ]

she is   [ʃíy ɪs]   쉬이 애z

green pink

he is   [híy ɪs]   히이 애z

green pink

we sing   [wíy sɪŋ]   위이 쌩

green   pink

speed limit   [spíyd lɪ-mɪt]   스삐읻★리-맽

green   pink   pink

keep it   [kíy-pɪt]   키이-뻩

green   pink

vehicle   [víy-ɪ-kəl]   v비이-어-꺼°

green pink   plum

h는 묵음입니다.

being   [bíy-ɪŋ]   비이-앵

green pink

seated   [síy-dɪd]   씨이-랟

green   pink

weakness   [wíyk-nɪs]   ʷ위읔-내s

green   pink

★ [d] 끝소리는 'ㄷ' 받침처럼 발음하면 됩니다.

-ing

[ɪŋ]
pink

잉
'앵'에 가까운 소리

- 모음으로 끝나는 단어에 ing가 붙으면 해당 모음 소리를 낸 다음 ing를 발음합니다.
- studying = study + ing = **스떠리이**[iy] + **앵**[ɪ]처럼 ing 바로 앞의 모음에 집중하면 금방 빛나는 발음을 만들 수 있습니다.

-ing

seeing	[síy-ɪŋ] green pink	씨이-앵
going	[ǵow-ɪŋ] gold pink	고우-앵
doing	[dúw-ɪŋ] blue pink	ㅈ두우-앵
studying	[stə́-diy-ɪŋ] plum green pink	스떠-리이-앵
watching	[wɑ́-ʧɪŋ] olive pink	우와아-츙
anything	[é-niy-θɪŋ] red green pink	에-니이-θ땡
playing	[pléy-ɪŋ] navy pink	플레이-앵
enjoying	[ɪn-dʒóy-ɪŋ] pink oyster pink	인-죠이-앵

ity 발음 연습

-ity

[ɪ-diy]

으-리이

[ə-diy]

어-리이

- ity의 발음은 pink [ɪ]에서 green [iy]으로 가는 입 근육 연습이 핵심입니다.
- '애-이이'를 충분히 연습한 뒤 t 약음 소리를 넣어 '으리이'와 '애리이'의 중간 소리를 만들어 보세요.
- ity의 i는 어떤 사전에서는 [ɪ]로, 어떤 사전에서는 [ə]로 표기합니다.

-ity

ability   [ə-bɪ́-lɪ-díy]   어-빌-르-리이

plum   pink   pink   green

           [ə-bɪ́-lə-díy]   어-빌-러-리이

plum   pink   plum   green

capacity   [kə-pǽ-sɪ-díy]   커-패아-쓰-리이

plum   black   pink   green

           [kə-pǽ-sə-díy]   커-패아-써-리이

plum   black   plum   green

activity   [æk̇-tɪ́-vɪ-díy]   애악-티-v브-리이

black   pink   pink   green

           [æk̇-tɪ́-və-díy]   애악-티-v버-리이

black   pink   plum   green

community   [kə-mýuw-nɪ-díy]   커-뮤우-느-리이

plum   blue   pink   green

           [kə-mýuw-nə-díy]   커-뮤우-너-리이

plum   blue   plum   green

---

ity로 끝나는 단어를 더 적어 보세요.

- _____ity
- _____ity
- _____ity
- _____ity

- _____ity
- _____ity
- _____ity
- _____ity

-or- -our-

-ar- -ore-

[or]

corn

오우얼

- corn [or] 발음에서 가장 중요한 것은 gold [ow] 발음을 충분히 해 주는 것입니다.
- **'오얼'**보다 **'오우얼'**에 가깝게 하면 훨씬 더 원어민의 발음처럼 입체적으로 들립니다.
- [or] 앞에 [w] 소리가 있을 때는 **'우오얼'**처럼 발음합니다.

-or-, -our-, -ar-

born	[born] _{corn}	보**우얼**ㄴ
pour	[por] _{corn}	포**우얼**
four	[for] _{corn}	f포**우얼**
chord	[kord] _{corn}	코**우얼**d★
quart	[kwort] _{corn}	쿠**오얼**t
short	[ʃort] _{corn}	쇼**우얼**t

w + ar

| war | [wor]
_{corn} | 우**오얼** |
| warm | [worm]
_{corn} | 우**오어**r음 |

참고!

pour, pore, poor 모두 같은 [or] 발음입니다.

★ [d] 끝소리는 혀끝을 차듯이 발음하세요.

-ort- -art-
-ord-

[or-d] ᴿ/ᴰ

corn

오우얼-d

- 49강에서 연습했던 [or] 소리에 t, d 약음 소리를 더한 연습입니다.
- t, d 약음 앞에 r이 있을 때는 'ㄹ'과 'ㄷ'을 겹쳐 내는 것 같은 소리가 됩니다.
- t, d의 약음을 사전에서는 [d]나 [ṭ]로 표기하기도 합니다.

-ort-, -art-, -ord-

quarter	[kwór-dər] _{corn purple}	쿠올-덜
shorter	[ʃór-dər] _{corn purple}	쇼우얼-덜
porter	[pór-dər] _{corn purple}	포우얼-덜
border	[bór-dər] _{corn purple}	보우얼-덜
aborting	[ə-bór-dɪŋ] _{plum corn pink}	어-**보우얼**-딩
sorter	[sór-dər] _{corn purple}	**쏘**우얼-덜
sorting	[sór-dɪŋ] _{corn pink}	**쏘**우얼-딩
sort of	[sór-dəv] _{corn plum}	**쏘**우얼-더v

51강 e의 흔치 않은 두 가지 소리

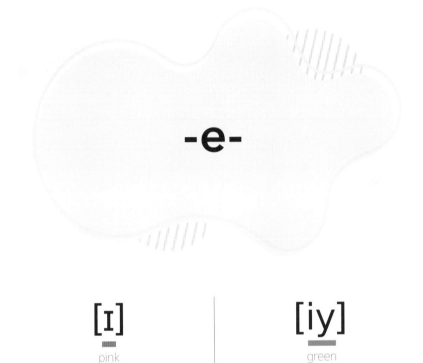

-e-

[ɪ] pink	**[iy]** green
이와 애의 중간 소리	**이이**

- 알파벳 e는 주로 red [e] 발음이지만 pink [ɪ]나 green [iy] 발음일 때도 있습니다.

e가 [ɪ] 발음일 때

interior   [ɪn-tɪ́(ə)-riy-ər]   인-**티**-r뤄-얼

pink   pink plum   green purple

exterior   [ɪ́ks-tɪ(ə)-riy-ər]   일s-**띠**-r뤄-얼

pink   pink plum   green purple

inferior   [ɪn-fɪ́(ə)-riy-ər]   인-f**피**-r뤄-얼

pink   pink plum   green purple

superior   [suw-pɪ́(ə)-riy-ər]   쑤우-**피**-r뤄-얼

blue   pink plum   green purple

cafeteria   [kæ-fɪ-tɪ́(ə)-riy-ə]   캐아-f**피**-**티**-r뤄-아

black   pink   pink plum   greenplum

criteria   [krɑy-tɪ́(ə)-riy-ə]   쿠r롸이-**티**-r뤄-아

lime   pink plum   green plum

e가 [iy] 발음일 때

Socrates   [sɑ́-krə-tìyz]   싸-크r뤄-**티이**z

olive   plum   green

coyotes   [kɑy-ów-diyz]   카이-요우-**리이**z

lime   gold   green

diabetes   [dɑy-ə-bíy-diyz]   ㅈ다이-어-**비**-**리이**z

lime   plum   green   green

museum   [myuw-zíy-əm]   ㅁ뮤우-**z지이**-엄

blue   green   plum

coliseum   [kɑ̀-lə-síy-əm]   칼-러-**씨이**-엄

olive   plum   green   plum

[uw]

[uw]	[yuw]
[l, r, θ, ʤ, ʃ, ʧ, z] 뒤에서	[b, f, g, h, k, m, p, v] 뒤에서
우우	유우

- blue [uw] 발음이 자음 소리 [l, r, θ, ʤ, ʃ, ʧ, z] 뒤에 오면 **'우우'**로 발음합니다.
- [uw] 발음이 자음 소리 [b, f, g, h, k, m, p, v] 뒤에 오면 [y] 소리가 더해져 **'유우'**가 됩니다.
- [uw]의 **'우우'**, **'유우'** 소리를 둘 다 가지는 단어들도 있습니다.

[uw] '우우'

include	[ɪn-klúwd] _{pink} _{blue}	인-**클루우**d
rude	[ruwd] _{blue}	r**루우**d
enthusiastic	[ɪn-θ́uw-ziy-ǽ-stɪk] _{pink} _{blue} _{green} _{black} _{pink}	인-**θ뚜우**-z지-애아-스땍
juice	[ʤuws] _{blue}	을**쥬우**s
shoe	[ʃuw] _{blue}	**슈우**
chew	[ʧuw] _{blue}	을**츄우**
zoom	[zuwm] _{blue}	z**주움**

[yuw] '유우'

beauty	[byúw-dìy] _{blue} _{green}	비**유우**-리이
perfume	[pər-fýuwm] _{purple} _{blue}	펄-f**퓨우**움
argue	[ár-gyuw] _{tart} _{blue}	알-**규우**
humor	[hýuw-mər] _{blue} _{purple}	**휴우**-멀
cute	[kyuẃt] _{blue}	**큐욷**
mute	[myuẃt] _{blue}	음**뮤욷**
pure	[pyuwr] _{blue}	**퓨우**얼
view	[vyuw] _{blue}	v**뷰우**

'우우', '유우' 소리를 둘 다 가지는 단어들

tuna	[t́yuw-nə] _{blue plum}	튜우-너
	[t́uw-nə] _{blue plum}	투우-너
news	[nyuwz] _{blue}	은니유z
	[nuwz] _{blue}	은누우z
reduce	[rɪ-d́yuws] _{pink blue}	r뤼-듀우s
	[rɪ-d́uws] _{pink blue}	r뤼-두우s
coupon	[ḱyuw-pɑn] _{blue olive}	큐우-판
	[ḱuw-pɑn] _{blue olive}	쿠우-판

u로 시작하는 단어   [yuw], [ə] 두 가지 발음으로 나뉩니다.

university	[yuw-nə-v́ər-sɪ-d́iy] _{blue plum purple pink green}	유우-너-v벌-쌔-러이
universe	[ýuw-nə-vərs] _{blue plum purple}	유우-너-v벌s
unique	[yuw-níyḱ] _{blue green}	유우-니잌
unfair	[ən-f́er] _{plum air}	언-f페얼
umbrella	[əm-bŕe-lə] _{plum red plum}	엄-부r뤨-러

ch의 세 가지 소리

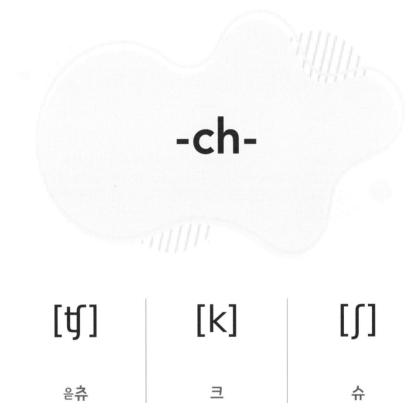

-ch-

[ʧ]	[k]	[ʃ]
은츄	크	슈

• ch는 [ʧ], [k], [ʃ] 세 가지 소리로 나뉩니다.

ch의 소리 [ʧ]

arch	[ɑrʧ] _{tart}	아알~**츄**
beach	[biyʧ] _{green}	비이~**츄**
ostrich	[á-strɪʧ] _{olive　pink}	아-스쮸r뤄~**츄**
launch	[lɔnʧ] _{strawberry}	을러언~**츄**
chimney	[ʧ́ɪm-niy] _{pink　green}	을**췸**-니이
chin	[ʧɪn] _{pink}	을**췬**

ch의 소리 [k]

chorus	[kɔ́-rəs] _{strawberry　plum}	**커**-r뤄s
	[kow-rəs] _{gold　plum}	**코**우-r뤄s
orchid	[ór-kɪd] _{corn　pink}	오올-**끼**d
scheme	[skiym] _{green}	스**끼**임
anchor	[ǽŋ-kər] _{black　purple}	애앙-**껄**
school	[skuwl] _{blue}	스**꾸**오°
character	[ké-rek-tər] _{red　red　purple}	**케**-r뤡-떨
orchestra	[ór-ke-strə] _{corn　red　plum}	오올-**께**-스쮸r라
chemistry	[ké-mɪ-striy] _{red　pink　green}	**케**-미-스쮸r뤼이

ch의 소리 [ʃ]

chef	[ʃef] _{red}	슈에f
brochure	[brow-ʃur] _{gold tour}	부r로우-슈얼
chaise	[ʃeyz] _{navy}	슈에이z
chaperone	[ʃǽ-pə-ròwn] _{black plum gold}	셰-뻐-r로운
Chicago	[ʃɪ-kɑ́-gow] _{pink olive gold}	쉬-카-고우
chute	[ʃuwt] _{blue}	슈욷
cliche	[kliy-ʃéy] _{green navy}	클리-셰이

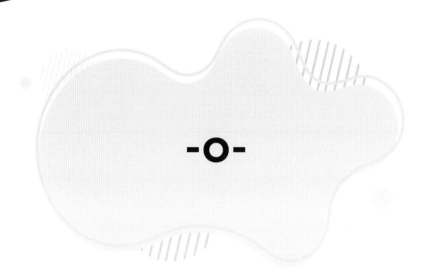

[ow] [ɑ] [ə] [ɔ] [uw]

gold   olive   plum   strawberry   blue

- 알파벳 o는 [ow], [ɑ], [ə], [ɔ], [uw] 다섯 가지 모음 소리로 나뉩니다.
- 자음 [w] 소리까지 포함하면 여섯 가지 소리입니다. (57강 참고)
- 단어마다 o의 소리가 다르니 익숙해질 수 있도록 많이 연습하세요.

o의 소리 [ow]

no	[now]	은**노우**
	gold	
rope	[rowṗ]	**r로욲**
	gold	
joke	[dʒowk]	은**죠욲**
	gold	
gold	[gowld]	**고우°d**
	gold	고오°d라고도 합니다.
fold	[fowld]	**f포우°d**
	gold	f포오°d라고도 합니다.
home	[howm]	**호움**
	gold	
open	[ów-pən]	**오우-쁜**
	gold plum	
close	[klowz]	클**로우**z
	gold	

o의 소리 [a]

hop	[haṗ]	**하앞**
	olive	
job	[dʒab]	은쥬**와압**
	olive	
lot	[laṫ]	을**라앝**
	olive	
cot	[kaṫ]	**카앝**
	olive	
not	[naṫ]	은**나앝**
	olive	
stock	[staḳ]	스**따악**
	olive	
collar	[ká-lər]	**카알**-럴
	olive purple	
robot	[rów-baṫ]	r**로우**-바앝
	gold olive	

o의 소리 [ə]

of   [əv]   어v
            plum

color   [kə́-lər]   컬-럴 ('클-럴'에 가깝게)
            plum purple

done   [dən]   ㅈ던 ('ㅈ든'에 가깝게)
            plum

month   [mənθ]   음머언θ뜨
            plum

other   [ə́-ðər]   어-ð덜
            plum purple

another   [ə-nə́-ðər]   어-너-ð덜
            plum plum purple

brother   [brə́-ðər]   부r뤄-ð덜
            plum purple

mother   [mə́-ðər]   음머-ð덜
            plum purple

o의 소리 [ɔ]

dog   [dɔg]   ㅈ더어g
            strawberry

boss   [bɔs]   버어s
            strawberry

loss   [lɔs]   을러어s
            strawberry

lost   [lɔst]   을러어st
            strawberry

gone   [gɔn]   그어언
            strawberry

cross   [krɔs]   쿠r뤄어s
            strawberry

long   [lɔŋ]   을러엉
            strawberry

soft   [sɔft]   써어ft
            strawberry

o의 소리 [uw]

do	[duw] _{blue}	ㅈ두우
to	[tuw] _{blue}	투우
who	[huw] _{blue}	후우
two	[tuw] _{blue}	투우
tomb	[tuwm] _{blue}	투움
whom	[huwm] _{blue}	후움
whose	[huwz] _{blue}	후우z
lose	[luwz] _{blue}	을루우z

r + 자음 + l

r + 자음 + l	r + t, d + l
[ər] + [əl]	[ər] + ㄹ/ㄷ [d] + [əl]
purple · plum	purple · plum
얼 + 어°	얼 + 더°

- [əl] 발음 앞에 있는 purple [ər] 소리는 '**을**'과 '**얼**'의 중간 소리로 발음합니다.
- [ər] 뒤의 약음 [dəl] 소리는 r을 충분히 발음한 다음 '**더**°'로 발음합니다.

r + l 끝소리

purple	[pə́r-pəl]	펄-뻐[○]
	purple plum	'펄'과 '플'의 중간 소리
circle	[sə́r-kəl]	썰-꺼[○]
	purple plum	'썰'과 '쓸'의 중간 소리
verbal	[və́r-bəl]	v벌-버[○]
	purple plum	'v벌'과 'v블'의 중간 소리
normal	[nór-məl]	은노올-머[○]
	corn plum	
gargle	[gɑ́r-gəl]	가알-거[○]
	tart plum	
colorful	[kə́-lər-fəl]	클-럴-f퍼[○]
	plum purple plum	'컬'과 '클'의 중간 소리
partial	[pɑ́r-ʃəl]	파알-셔[○]
	tart plum	
rehearsal	[rɪ-hə́r-səl]	r뤼-헐-써[○]
	pink purple plum	

r + t, d 약음 + l 끝소리

girdle	[gə́r-dəl] ᄅ/ᄃ	글-더[○]
	purple plum	
turtle	[tə́r-dəl] ᄅ/ᄃ	털-더[○]
	purple plum	
myrtle	[mə́r-dəl] ᄅ/ᄃ	음믈-더[○]
	purple plum	
hurdle	[hə́r-dəl] ᄅ/ᄃ	흘-더[○]
	purple plum	
fertile	[fə́r-dəl] ᄅ/ᄃ	f펄-더[○]
	purple plum	
portal	[pór-dəl] ᄅ/ᄃ	포올-더[○]
	corn plum	

wr과 rh는 모두 [r] 소리

wr-
rh-

[r]

r뤄

• 모든 wr와 rh는 [r] 발음입니다. 항상 입을 오므리면서 발음을 시작해 주세요.

wr-

write	[rayt] lime	r롸잍
wrote	[rowt] gold	r로웉
wrong	[rɔŋ] strawberry	r뤄엉
wrist	[rɪst] pink	r뤼st
wrath	[ræθ] black	r뢔아θ뜨
wrap	[ræp] black	r뢔앞
wrinkle	[ríŋ-kəl] pink plum	r륑-꺼 ○
wrestle	[ré-səl] red plum	r뤠-써 ○

rh-

rhyme	[raym] lime	r롸임
rhythm	[rí-ðəm] pink plum	r뤼-ð덤 '뤼'와 '뢔'의 중간 소리
rhetoric	[ré-də-rɪk] red plum pink	r뤠-러-r뤽
rheumatism	[rúw-mə-tɪ-zəm] blue plum pink plum	r류우-머-티-z슴
rhapsody	[ræp-sə-diy] black plum green	r뤠앞-써-리이
rhinoceros	[ray-ńa-sə-rəs] lime olive plum plum	r롸이-나-써-r뤄s
rhubarb	[rúw-barb] blue tart	r루우-바알b

57강 [w]의 연속 발음

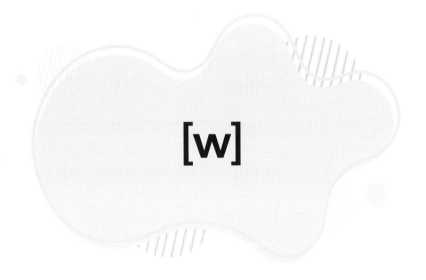

[w]

o-	w-	wh-
as in **o**ne	as in **w**e	as in **wh**y
우우	우우	우우

- w가 자음일 경우에는 항상 [w] 소리로 발음합니다.
- 알파벳 o에서 [w] 소리가 나는 경우는 **one**, **once**가 전부입니다.

[w]

one	[wən] plum	우**원**
once	[wəns] plum	우**원**s
we	[wiy] green	우**위**이
way	[wey] navy	우**웨**이
will	[wɪl] pink	우**위**어°
what	[wət] plum	우**윁**
which	[wɪtʃ] pink	우**윁**츄
where (=wear)	[wer] air	우**웨**얼

[w] 연속 발음

one way	[wən wey] plum navy	우**원** 우**웨**이 빨리 말할 땐 '윙웨이'
once we	[wəns wiy] plum green	우**원**s 우**위**이
we will wear	[wiy wɪl wer] green pink air	우**위**이 우**위**° 우**웨**얼

심화 연습

What will we wear?	Which way will we go?
[wət wɪl wiy wer] plum pink green air	[wɪtʃ wey wɪl wiy gow] pink navy pink green gold
우**윁** 우**위**° 우**위**이 우**웨**얼	우**윁**츄 우**웨**이 우**위**° 우**위**이 고우

58강 able, ible의 발음

-able
-ible

[ey-bəl]
navy · plum

에이-버°

[ə-bəl]
plum · plum

어-버°

- able 앞에 자음이 있으면 [eybəl], 모음이 있으면 [əbəl]로 발음됩니다.
- ible은 모두 [əbəl]로 발음됩니다.
- '에이버°', '어버°'의 '버'는 모두 '보'와 '버'의 중간 발음으로 하세요.

152

-able [ey-bəl]

able	[éy-bəl]	에이-버°
	navy plum	
table	[téy-bəl]	테이-버°
	navy plum	
cable	[kéy-bəl]	케이-버°
	navy plum	
fable	[féy-bəl]	f페이-버°
	navy plum	
stable	[stéy-bəl]	스떼이-버°
	navy plum	
unable	[ən-éy-bəl]	어-네이-버°
	plum navy plum	
enable	[ɪ-néy-bəl]	이-네이-버°
	pink navy plum	

153

-able [ə-bəl]

liable   [lɑy-ə-bəl]   을라이-어-버°
                 lime   plum   plum

doable   [duw-ə-bəl]   ㅈ두우-어-버°
                blue   plum   plum

likable   [lɑy-kə-bəl]   을라이-꺼-버°
                lime   plum   plum

portable   [por-də-bəl]   포올-더-버°
                corn   plum   plum

breakable   [brey-kə-bəl]   부r뤠이-꺼-버°
                navy   plum   plum

treatable   [tʃriy-də-bəl]   은츄r뤼이-러-버°
                green   plum   plum

printable   [prɪn-(t)ə-bəl]   푸r륀-터-버°
                pink   plum   plum   푸r뤼-너-버°

comfortable   [kəm-fər-də-bəl]   컴-f폴-더-버°
                plum   purple   plum   plum

-ible [ə-bəl]

eligible	[él-ɪ-dʒə-bəl]	엘-리-저-버°
	red pink plum plum	
edible	[é-də-bəl]	에-러-버°
	red plum plum	
audible	[ɔ́-də-bəl]	어-러-버°
	strawberry plum plum	
visible	[vɪ́-zə-bəl]	v비-z저-버°
	pink plum plum	
illegible	[ɪ-lé-dʒə-bəl]	일-레-줘-버°
	pink red plum plum	
horrible	[hór-ə-bəl]	호어-r뤄-버°
	corn plum plum	
flexible	[flék-sə-bəl]	f플렉-써-버°
	red plum plum	
accessible	[æk-sé-sə-bəl]	애악-쎄-써-버°
	black red plum plum	

155

59강 ar의 두 가지 소리

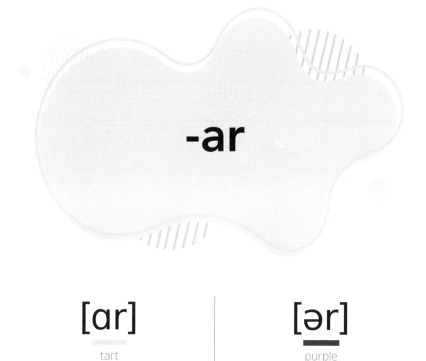

-ar

[ɑr]	[ər]
tart	purple
아알	얼

- 단어의 끝에 있는 ar은 바로 앞의 알파벳에 따라 소리가 달라집니다.
- ar 앞에 c, p, f, t, z, g가 있으면 [ɑr] 소리로, l, ct, d가 있으면 [ər] 소리로 발음합니다.
- war, reward의 ar은 예외로 [or]로 분류합니다.

-ar [ɑr]

star	[stɑr] _{tart}	스따알
far	[fɑr] _{tart}	**f파알**
guitar	[gɪ-tɑ́r] _{pink tart}	기-**타알**
Qatar	[kə-tɑ́r] _{plum tart}	커-**타알**
cigar	[sɪ-ǵɑr] _{pink tart}	쓰-**가알**
bazaar	[bə-źɑr] _{plum tart}	버-**z자알**
regard	[rɪ-ǵɑrd] _{pink tart}	r뤼-**가알**d 'r뤄'로도 발음합니다.
leotard	[líy-ə-tɑ̀rd] _{green plum tart}	을리이-오-**타알**d

-ar [ər]

similar	[sɪ́-mɪ-lər] _{pink pink purple}	씨-밀-**럴**
dollar	[dɑ́-lər] _{olive purple}	ㅈ다알-**럴**
mortar	[mór-dər] _{corn purple} ㄹ/ㄷ	음모올-**덜**
nectar	[nék-tər] _{red purple}	은넥-**떨**
solar	[sów-lər] _{gold purple}	쏘올-**럴**
molar	[mów-lər] _{gold purple}	음모올-**럴**
cedar	[síy-dər] _{green purple} ㄹ	씨이-**럴**
standard	[stǽn-dərd] _{black purple}	스때안-**ㅈ덜**d

-ful

[fəl]

plum

f포°

- 혀 꼬이는 f 발음 연습입니다. p와 f가 나란히 있는 단어부터 살펴보세요.
- [fəl]을 먼저 연습하고 ful 앞의 다양한 자음 소리와 연결해서 연습해 보세요.

[p] + [f] 발음

leapfrog	[líyp̓-frɔg] <small>green strawberry</small>	을리**잎!**-f프r뤄어g
	[líyp̓-frɑg] <small>green olive</small>	을리**잎!**-f프r롸아g
campfire	[kǽmp̓-fɑyr] <small>black fire</small>	캐암!-f파이얼
flip-flops	[flíp̓-flɑp̓s] <small>pink olive</small>	f플맆!-f플랖s
helpful	[hélp̓-fəl] <small>red plum</small>	헤엎!-f포°
hopeful	[hówp̓-fəl] <small>gold plum</small>	호옾!-f포°

모음 소리-ful

beautiful	[b́yuw-dɪ-fəl] <small>blue pink plum</small>	뷰유-러-f포°
bountiful	[b́awn-tɪ-fəl] <small>brown pink plum</small>	바운-터-f포°
unlawful	[ən-lɔ́-fəl] <small>plum strawberry plum</small>	언-러어-f포°

[t]-ful

doubtful	[dáwt̬-fəl]	ㅈ댜웉-f포°
	brown plum	
grateful	[gréyt̬-fəl]	구r뤠잍-f포°
	navy plum	
thoughtful	[θɔ́t̬-fəl]	θ떠엍-f포°
	strawberry plum	

[n(d)]-ful

mindful	[máyn(d)-fəl]	음마인-f포°
	lime plum	
handful	[hǽn(d)-fəl]	해**안**-f포°
	black plum	
painful	[péyn-fəl]	페인-f포°
	navy plum	

[θ]-ful

mouthful	[máwθ-fəl]	음마웃θ-f포°
	brown plum	
faithful	[féyθ-fəl]	f페잇θ-f포°
	navy plum	
truthful	[ʧrúwθ-fəl]	은츄r루웃θ-f포°
	blue plum	

[s]-ful

successful   [sə́k-śes-fəl]   썩-쎄s-f포°
               plum   red   plum

stressful   [strés-fəl]   스쭈r뤠s-f포°
              red   plum

peaceful   [píys-fəl]   피이s-f포°
            green   plum

[r]-ful

careful   [kér-fəl]   케얼-f포°
           air   plum

colorful   [kə́-lər-fəl]   컬-럴-f포°
            plum   purple   plum

wonderful   [wə́n-dər-fəl]   우원-덜-f포°
             plum   purple   plum

[l]-ful

skillful   [skíl-fəl]   스끼어°-f포°
           pink   plum

bottleful   [bɑ́-dəl-fəl]   바아-러°-f포°
           olive   plum   plum

soulful   [sówl-fəl]   쏘오°-f포°
          gold   plum

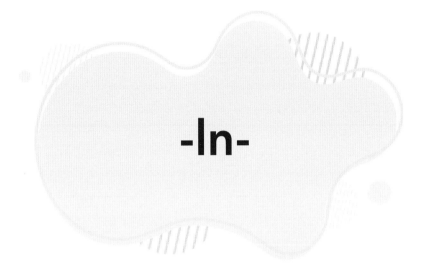

[l-n]

어°-은느

- 우리말에는 **'논리[놀리]'**처럼 **'ㄹ'** 받침 뒤에 오는 **'ㄴ'**이 **'ㄹ'** 소리가 되는 유음화 현상이 있습니다.
- 하지만 영어에서는 [l] 끝소리와 [n] 소리를 각각 정확하게 살려서 발음합니다.

l-ness

illness	[íl-nɪs]	이어° -은니s
	pink pink	
fullness	[fʊ́l-nɪs]	f프어° -은니s
	cookie pink	
stillness	[stíl-nɪs]	스띠어° -은니s
	pink pink	
evilness	[iý-vəl-nɪs]	이이-v버° -은니s
	green plum pink	
coolness	[kúwl-nɪs]	쿠우오° -은니s
	blue pink	
paleness	[péyl-nɪs]	페이어° -은니s
	navy pink	

[l] + [n]

walnut	[wɔ́l-nə̠t]	우워어° -은넡
	strawberry plum	'넡'과 '늍'의 중간 소리
hazelnut	[héy-zəl-nə̠t]	헤이-z저° -은넡
	navy plum plum	
will not	[wɪl ńɑ̠t]	우위어° 은나앝
	pink olive	
we'll not	[wiyl ńɑ̠t]	우위이어° 은나앝
	green olive	
he'll not	[hiyl ńɑ̠t]	히이어° 은나앝
	green olive	
she'll never	[ʃiyl ńe̠-vər]	쉬이어° 은네-v벌
	green red purple	
you'll know	[ýuwl now]	유우어° 은노우
	blue gold	
well-known	[wèl-ńown]	우웨어° -은노운
	red gold	
whole new	[ho̗wl nuw]	호오° 은누우
	gold blue	

man의 두 가지 소리

-man

[mən]
plum

믄

[mæn]
black

매안

• man 끝소리는 고유명사인 슈퍼히어로의 이름을 제외하고 모두 [mən]으로 발음합니다.

-man [mən] '먼'과 '믄'의 중간 소리

salesman   [séylz-mən]   쎄이어°z스-믄
             navy   plum

chairman   [tʃer-mən]   읃췌얼-믄
             air   plum

spokesman   [spówks-mən]   스뽀욱s-믄
             gold   plum

policeman   [pə-líys-mən]   펄-리이s-믄
             plum green plum

sportsman   [spórts-mən]   스뽀올츠-믄
             corn   plum

freshman   [fréʃ-mən]   f프r뤠슈-믄
             red   plum

dolman   [dówl-mən]   ㅈ도오°-믄
             gold   plum

abdomen   [æb-də-mən]   애압-ㅈ드-믄
             black plum plum

ramen   [rá-mən]   r롸아-믄
             olive plum

omen   [ów-mən]   오우-믄
             gold   plum

-man [mæn]

Batman   [bǽt-mǽn]   배앝-매안
                      black   black

Spiderman   [spɑ́y-dər-mǽn]   스빠이-럴-매안
                     lime   purple   black

Superman   [súw-pər-mǽn]   쑤우-뻘-매안
                     blue   purple   black

Iron Man   [ɑ́yr-ən mæn]   아이얼-ㄴ 매안
                     fire   plum   black

Ant-Man   [ǽnt-mǽn]   애안!-매안
                     black   black

oe 발음도 정확히

oe 발음도 정확히   63강

oe

[ow] [uw] [iy] [ə]
gold   blue   green   plum

[ow+ə] [ow + e]
gold   plum   gold   red

- 철자 oe가 내는 모든 발음 조합을 정리했습니다.
- 각각의 경우에 해당하는 단어들이 많지 않으니 외워 두세요.

oe가 [ow] 발음일 때

doe	[dow] _{gold}	ㅈ도우
toe	[tow] _{gold}	토우
aloe	[ǽl-ow] _{black gold}	애알-로우
oboe	[ów-bow] _{gold gold}	오우-보우

oe가 [uw] 발음일 때

| canoe | [kə-núw]
_{plum   blue} | 커-**누우** |
| shoe | [ʃuw]
_{blue} | **슈우** |

oe가 [iy] 발음일 때

amoeba	[ə-míy-bə] _{plum green plum}	어-**미이**-바 '버'와 '바'의 중간 소리
phoebe	[fíy-biy] _{green green}	f**피이**-비이
subpoena★	[sə-píy-nə] _{plum green plum}	써-**피이**-너

★ b는 묵음입니다.

oe가 [ə] 발음일 때

does★	[dəz] (plum)	ㅈ더어z

oe가 [ow + ə] 발음일 때

poem	[ṕow-əm] (gold plum)	포우-엄
poet	[ṕow-ət] (gold plum)	포우-읕
poetry	[ṕow-ə-ʧriy] (gold plum green)	포우-으-츄r뤼이

oe가 [ow + e] 발음일 때

Noel	[now-él] (gold red)	은노우-에어°
coed	[kow-éd] (gold red)	코우-에d
poetical	[pow-é-dɪ-kəl] (gold red pink plum)	포우-에-리-꺼°
bioengineer	[bay-ə-en-dʒɪ-ńɪər] (lime plum red pink beer)	바이-오-엔-쥐-니얼

★ oe가 [ə]로 발음되는 유일한 경우입니다.

tor의 발음 세 가지

-tor

[dər]
purple

럴

[tər]
purple

떨

[tor]
corn

as in **tore**

토올

- tor로 끝나는 단어에서 tor는 앞에 나오는 소리에 따라 발음이 달라집니다.
- tor의 t는 모음이 앞에 있으면 약음이 되고, 자음이 앞에 있으면 된소리가 됩니다.
- tor 앞에 알파벳 n이 있으면 t가 '**트**' 발음을 그대로 유지합니다.

모음 + **tor**

senator	[śe-nə-d̃ər] red plum purple	쎄-너-럴
visitor	[vÍɪ-zɪ-d̃ər] pink pink purple	v비-z재-럴
alligator	[ǽl-ɪ-gey-d̃ər] black pink navy purple	애알-리-게이-럴
curator	[kýuw-rey-d̃ər] blue navy purple	큐우-r뤠이-럴
predator	[pŕe-də-d̃ər] red plum purple	푸r뤠-러-럴

자음 + **tor**

actor	[ǽk-tər] black purple	애**악**-떨
doctor	[dάk-tər] olive purple	ㅈ다**악**-떨
factor	[fǽk-tər] black purple	f패**악**-떨
pastor	[pǽs-tər] black purple	패아s-떨
adaptor	[ə-dǽp-tər] plum black purple	어-ㅈ대앞-떨

n + **tor**

mentor	[ḿen-tor] red corn	음**멘**-토올
guarantor	[ge-rən-tór] red plum corn	게-r뤈-**토올**

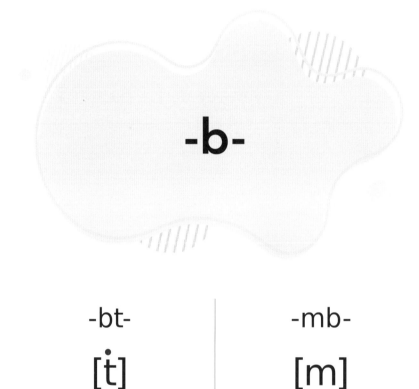

-b-

-bt-	-mb-
[t]	[m]
as in si**t**	as in mo**m**

- b가 t 바로 앞에 오는 경우, 즉 단어에 bt가 있으면 b는 소리 나지 않을 확률이 큽니다.
- mb의 b 역시 소리가 나지 않을 확률이 높습니다.

-bt-

debt	[de̲t] red	ㅈ뎉
subtle	[śə-d̲l] plum	써-러°
doubt	[da̲w̲t̲] brown	ㅈ댜욷

-mb-

bomb	[ba̲m] olive	바암
comb	[kowm] gold	코움
tomb	[tuwm] blue	투움
dumb	[də̲m] plum	ㅈ덤
crumb	[krə̲m] plum	ㅋ럼
plumber	[plə́-mər] plum purple	플러-멀

예외!
slumber에서는 b 소리가 그대로 납니다.

[tn]의 발음
(Glottal Stop)

glottal stop

응!

- 가볍게 호흡을 멈춘 뒤 '**응!**' 하고 발음하는 [tn] 소리를 glottal stop이라고 합니다.
- tain, tten, tton, ton, tin, ten 등에서 glottal stop을 볼 수 있습니다.
- [tn] 앞에 n이 있을 때와 r이 있을 때를 구분해서 연습해 보고, [t] 소리가 그대로 나는 단어와 glottal stop이 있는 단어도 비교해 보세요.

n + glottal stop

mountain	[ḿɑwn-tn] _{brown}	음마운!-은
fountain	[fɑwn-tn] _{brown}	f파운!-은
sentence	[śen-tns] _{red}	센!-은s
continent	[kɑnt-nənt] _{olive plum}	카안!-으는t

r + glottal stop

curtain	[kər-tn] _{purple}	클!-은 '컬!'과 '클!'의 중간 소리
certain	[śər-tn] _{purple}	쓸!-은 '썰!'과 '쓸!'의 중간 소리
carton	[kɑr-tn] _{tart}	카알!-은
martin	[ḿɑr-tn] _{tart}	음마알!-은

t + glottal stop

button	[bət-n] _{plum}	븥!-은 '벝'과 '븥'의 중간 소리
cotton	[kɑt-n] _{olive}	카앝!-은
kitten	[kɪt-n] _{pink}	킽!-은
forgotten	[fər-ġɑt-n] _{purple olive}	f펄-가앝!-은

-tain의 발음 [teyn]

contain	[kən-téyn] plum navy	컨-**테**에인
obtain	[əb-téyn] plum navy	업-**테**에인
maintain	[meyn-téyn] navy navy	음메인-**테**에인

발음 비교

maintain	[meyn-téyn] navy navy	음메인-**테**에인
maintenance	[méynt-nəns] navy plum	음메인!-으는s

-ual

-dual	-sual	-tual
[ʤuwəl]	[ʒuwəl]	[(t)ʃuwəl]
blue plum	blue plum	blue plum
쥬오°	ㅈ슈오°	츄오°, 슈오°

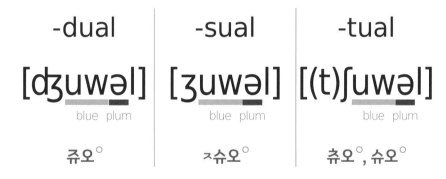

- ual로 표기되는 blue [uw] + dark L의 조합은 **'우어'** 보다는 **'우오'**에 더 가깝습니다. 입을 오므리고 **'오'**로 마무리하세요.
- ual 앞에 여러 가지 자음을 붙여 같이 연습해 보세요.

-dual의 발음은 [dʒ]

dual   [dúw-əl]   ㅈ두-오°
                      blue plum

gradual   [grǽ-dʒuw-əl]   구r래아-쥬-오°
              black   blue plum

residual   [rɪ-źɪ-dʒuw-əl] r뤼-z지-쥬-오°
            pink pink   blue plum

individual [ìn-dɪ-vɪ-dʒuw-əl] 인-ㅈ디-v비-쥬-오°
          pink   pink pink blue plum

-sual의 발음은 [ʒ]

usual   [ýuw-ʒuw-əl]   유우-ㅈ슈-오°
              blue   blue plum

unusual   [ən-ýuw-ʒuw-əl] 언-유우-ㅈ슈-오°
           plum   blue   blue plum

visual   [vɪ-ʒuw-əl]   v비-ㅈ슈-오°
            pink blue plum

casual   [kǽ-ʒuw-əl]   캐아-ㅈ슈-오°
           black   blue plum

-tual의 발음이 [ʧ] 일 때

ritual   [rɪ-ʧuw-əl]   r뤼-츄-오°

pink   blue   plum

mutual   [myuw-ʧuw-əl]   음뮤우-츄-오°

blue   blue   plum

habitual   [hə-bɪ-ʧuw-əl]   허으-빝-츄-오°

plum   pink   blue   plum

spiritual   [spɪ-rɪ-ʧuw-əl]   스삐-r뤼-츄-오°

pink   pink   blue   plum

perpetual   [pər-pe-ʧuw-əl]   펄-펱-츄-오°

purple   red   blue   plum

[ʃ]로 발음하는 경우★

actual   [æk-ʧuw-əl]   애악-츄-오°

black   blue   plum

punctual   [pəŋ(k)-ʧuw-əl]   펑-츄-오°

plum   blue   plum

intellectual   [ìn-te-lék-ʧuw-əl]   인-텔-렉-츄-오°

pink   red   red   blue   plum   이너-을렉-츄-오°

     t가 완전히 생략되기도 합니다.

conceptual   [kən-sep-ʧuw-əl]   컨-쎕-츄-오°

plum   red   blue   plum

sensual   [sen(t)-ʃuw-əl]   센-츄-오°

red   blue   plum

★ -tual 앞에 [k] 또는 [p] 파열음 소리가 있을 경우, [ʃuwəl] '슈오'에 가깝게 발음하면 자연스럽게
[ʧuwəl] '츄오' 소리가 됩니다. sensual은 sual이 '츄오'로 소리 나는 특이한 경우입니다.

68강   L + 모음

-l + 모음

[l] 첫소리 + 모음

- [l] 끝소리는 바로 다음에 모음 소리가 오면 [l] 첫소리 **'을르'**, light L로 바뀝니다.
- 다양한 모음과 함께 [l] 끝소리에서 [l] 첫소리로 넘어가는 연습을 해 보세요.

-l + ing ★

filling	[fɪə-lɪŋ] _{pink plum pink}	f피얼-링
stealing	[stiyə-lɪŋ] _{green plum pink}	스띠얼-링
dealing	[diyə-lɪŋ] _{green plum pink}	ㅈ디이얼-링
filing	[fayə-lɪŋ] _{lime plum pink}	f파이얼-링
boiling	[boyə-lɪŋ] _{oyster plum pink}	보이얼-링

-l + ish

foolish	[fuw-lɪʃ] _{blue pink}	f푸울-리~슈
ticklish	[tɪk-lɪʃ] _{pink pink}	틱끌-리~슈
accomplish	[ə-kam-plɪʃ] _{plum olive pink}	어-카암-플리~슈
stylish	[stayə-lɪʃ] _{lime plum pink}	스따이얼-리~슈
English	[ɪ́ŋ-glɪʃ] _{pink pink}	잉-글리~슈

★ -ling 앞에 모음이 있을 경우 '링'이 아니라 '얼링' 하듯이 발음하는 것이 정확합니다. [l] 끝소리를 모음 '어'처럼 발음하는 특성이 남아 있어서 모음 소리와 [l] 끝소리 사이에 [ə]가 들어간 것처럼 발음하기 때문입니다. 21강을 참고하세요.

[l] 끝소리와 모음이 이어질 때

fill it up	[fɪ-lɪ-d̬əp] _{pink pink plum}	f필-리-렆
call us	[kɔ́-ləs] _{strawberry plum}	커얼-러s
boil it	[bóyə-lɪt] _{oyster plum pink}	보이얼-렡
feel it	[fíy-lɪt] _{green pink}	f피일-렡
full of	[fʊ́-ləv] _{cookie plum}	f프얼-러v

---

[l] 끝소리 + 모음을 찾아 보세요!

angel in us	[éyn-ʤə-lɪ-nəs] _{navy plum pink plum} 에인-절-리-너s	
equal amount	[íy-kwə-lə-màwnt] _{green plum plum brown} 이이-꾸올-러-마운t	
actual investment	[ǽk-ʧ(uw)-ə-lɪn-vèst-mənt] _{black blue plum pink red plum} 애악-츄-올-린-v베st-먼t	
normal ending	[nór-mə-lèn-dɪŋ] _{corn plum red pink} 은노올-멀-렌-딩	

y는 모음? 자음?

69강

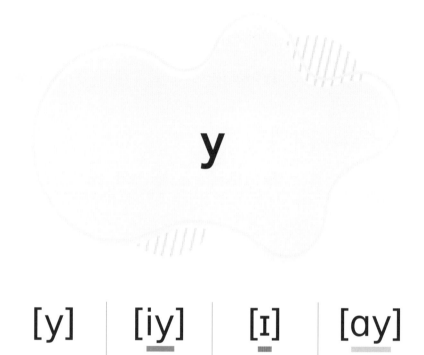

[y]	[iy]	[ɪ]	[ay]
자음	green	pink	lime

- y는 모음일 때도 있고 자음일 때도 있습니다.
- y가 자음인 경우는 단어 앞에 위치할 때입니다.
- y가 모음일 때는 [iy], [ɪ], [ay] 소리이거나 이중모음의 일부로 발음합니다.

y가 자음일 때

yellow	[yé-low] red gold	**옐**-로우
yeast	[yiysṫ] green	**이**이st
yesterday	[yés-tər-ḋey] (ㄹ/ㄷ) red purple navy	**예**s-떨-데이
yogurt	[yów-gərṫ] gold purple	**요**오-그얼t

y가 모음 [iy]일 때

kitty	[kɪ́-ḋiy] (ㄹ) pink green	키-**리이**
candy	[kǽn-diy] black green	캐안-**디이**
very	[vé-riy] red green	v베-**r뤼이**
funny	[fə́-niy] plum green	f퍼-**니이**
history	[hɪ́s-t(ə)riy] pink plum green	히s-쭈**r뤼이**

y가 모음 [ɪ]일 때

gym	[ʤɪm] pink	읃**쥐음** ‘읃쥐음’과 ‘읃좨음’의 중간 소리
rhythm	[rɪ́-ðəm] pink plum	**r뤼**-ð덤 ‘뤼’와 ‘뢔’의 중간 소리
syllable	[sɪ́-lə-bəl] pink plum plum	**씰**-러-보° ‘버’와 ‘보’의 중간 소리
acrylic	[ə-krɪ́l-ɪk̇] plum pink pink	어-쿠**r륄**-릭
typical	[tɪ́-pɪ-kəl] pink pink plum	**티**-삐-꺼°

y가 모음 [ay]일 때

deny	[dɪ-ńay]	ㅈ디-**나**아이
	pink lime	
my	[may]	음**마**아이
	lime	
why	[way]	우**와**아이
	lime	
rhyme	[raym]	**r롸**아임
	lime	
type	[tayṗ]	**타**아잎
	lime	

y가 이중모음의 일부일 때

toy	[toy]	**토**이
	oyster	
clay	[kley]	클**레**이
	navy	
buy	[bay]	**바**아이
	lime	
dye	[day]	ㅈ**다**아이
	lime	

$$[\overset{\text{ㄹ}}{d}ər]$$

purple

럴

$$[\overset{\text{ㄹ}}{d}əl]$$

plum

러°

• t, d 약음 뒤에 [r]이 오는 경우와 [l]이 오는 경우는 연습이 많이 필요합니다.

• 일상에서 자주 사용하는 단어들로 **약음 + [r]**, **약음 + [l]** 소리를 연습해 보세요.

t, d 약음 + r

water	[wɑ́-dər] _{olive} _{purple}	우와-럴
butter	[bə́-dər] _{plum} _{purple}	버-럴
trotter	[ʧrɑ́-dər] _{olive} _{purple}	을츄r롸아-럴
twitter	[twɪ́-dər] _{pink} _{purple}	투위-럴
glitter	[glɪ́-dər] _{pink} _{purple}	글래-럴
sitter	[sɪ́-dər] _{pink} _{purple}	쓰애-럴

t, d 약음 + l

bottle	[bɑ́-dəl] _{olive} _{plum}	바아-러°
metal	[me̋-dəl] _{red} _{plum}	음메-러°
glottal	[glɑ́-dəl] _{olive} _{plum}	글라아-러°
pedal	[pe̋-dəl] _{red} _{plum}	페-러°
Skittles	[skɪ́-dəls] _{pink} _{plum}	스끼-러°s

[n(t)]

[n] + 모음

[nt]

[nt] + 모음

- nt의 발음은 t를 '트'로 발음하는 경우와 아예 발음하지 않는 경우로 나뉩니다.
- t가 속한 음절에 강세가 없으면 [t] 발음을 하지 않는 경우가 많습니다.
- t가 속한 음절에 강세가 있으면 정확히 [t] 발음을 해야 합니다.

t 음절에 강세가 없을 때 ('트' 또는 묵음)

| rental | [rén-(t)əl] | r뤠-너° |
| | red   plum | r뤤-터° |

| gentle | [dʒén-(t)əl] | 을쮀-너° |
| | red   plum | 을쮄-터° |

| internet | [ín-(t)ər-net] | 이-널-넽 |
| | pink   purple   red | 인-털-넽 |

| horizontal | [hɔ-rɪ-źɑn-(t)əl] | 허-r뤄-z자아-너° |
| | strawberry pink olive   plum | 허-r뤄-z자안-터° |

| advantage | [əd-vǽn-(t)ɪdʒ] | 얻-v배아-니읺~쥬 |
| | plum   black   pink | 얻-v배안-티읺~쥬 |

| interview | [ín-(t)ər-vyuw] | 이-널-v뷰우 |
| | pink   purple   blue | 인-털-v뷰우 |

| integrate | [ín-(t)ə-greyt] | 이-너-구r뤠잍 |
| | pink   plum   navy | 인-털-구r뤠잍 |

| invented | [ɪn-vén-(t)ɪd] | 인-v베-나d |
| | pink   red   pink | 인-v벤-티d |

| sentimental | [sèn-(t)ɪ-mén-(t)əl] | 쎄-너-메-너° |
| | red   pink   red   plum | 쎈-터-멘-터° |

t 음절에 강세가 있을 때 ('트'로 발음)

| anticipate | [æn-tɪ-sɪ-peyt] | 애안-**티**-씨-페잍 |
| | black   pink   pink   navy | |

| interpret | [ɪn-tər-prət] | 인-**털**-푸r륕 |
| | pink   purple   plum | |

| fantastic | [fæn-tæs-tɪk] | f패안-**태**아s-띡 |
| | black   black   pink | |

189

생략되는 음절
(Dropped Syllables)

Dropped Syllables

[　]

소리가 없어서 발음기호로도 표기하지 않아요!

소리가 없어서 한글 표시도 없어요!

- 약음 [ə]를 발음하지 않고 음절을 생략하는 경우가 있습니다. 사전에서는 [ɪn-tre-stɪŋ]과 [ɪn-tə-re-stɪŋ] 처럼 두 가지 발음기호를 보여 주기도 하지만, 원어민은 이를 줄여서 말합니다. 자주 사용하는 단어들을 연습하면서 자연스럽게 외워 보세요.
- 음절이 생략되어 연속자음 [tr], [dr]이 되면 각각 [tʃr] '츄r루', [dʒr] '쥬r루'로 발음합니다. (35강, 36강 참고)

생략되는 음절 연습

interesting [ín-ʧre-stɪŋ]
pink red pink
인-츄r뤠-스띵

camera [kǽm-rə]
black plum
캐아-므r롸아

business [bíz-nəs]
pink plum
비z-니s

different [dɪf-rənt]
pink plum
ㅈ디f-r뤈t

chocolate [ʧɑ́k-lət]
olive plum
을촤악-를

favorite [féy-vrət]
navy plum
f페이-v부r뤝

history [hɪ́s-triy]
pink green
히s-쭈r뤄이

probably [prɑ́-bliy]
olive green
푸r롸-블리이

federal [fé-ʤrəl]
red plum
f페-쥬r뤄어°

veteran [vé-ʧrən]
red plum
v베-츄r뤈

restaurant [rés-ʧrənt]
red plum
r뤠s-츄r뤈t

family [fǽ-mliy]
black green
f패아-믈리이

vegetable [véʤ-tə-bəl]
red plum plum
v베~쥬-터-보°

t, d 약음 + r
t, d 약음 + r + l

[də̃-r]

plum

러-r

- t, d의 약음 '**ㄹ**' 소리 기억하시죠? 이번에는 약음 뒤에 [r], [l] 소리가 연달아 나오는 경우를 연습해 보겠습니다.

- literal처럼 [l] 소리 사이에 약음이 있을 때는 약음 [də] 부분에서 우리말 그대로 '**러**'를 발음한 뒤 [rəl]을 이어서 발음하면 자연스럽고 정확한 발음이 됩니다.

t, d 약음 + r

battery	[bǽ-də̄-riy]	배아-러-r뤼이
	black plum green	
glittery	[glɪ́-də̄-riy]	글리-러-r뤼이
	pink plum green	
lottery	[lɑ́-də̄-riy]	을라아-러-r뤼이
	olive plum green	
buttery	[bə́-də̄-riy]	버-러-r뤼이
	plum plum green	
veteran	[vé-də̄-rən]★	v베-러-r륀
	red plum plum	
utterance	[ə́-də̄-rəns]	어-러-r륀s
	plum plum plum	

t, d 약음 + r + l

literal	[lɪ́-də̄-rəl]	을리-러-r뤄°
	pink plum plum	
lateral	[lǽ-də̄-rəl]	을래아-러-r뤄°
	black plum plum	
equilateral	[iy-kwɪ-lǽ-də̄-rəl]	이-꾸을-래아-러-r뤄°
	green pink black plum plum	
collateral	[kə-lǽ-də̄-rəl]	컬-래아-러-r뤄°
	plum black plum plum	
federal	[fé-də̄-rəl]★★	f페-러-r뤄°
	red plum plum	

★ 가운데 음절의 약음 [ə]가 생략되어 [vé-tʃrən] 'v베-츄륀'으로 발음하기도 해요.
★★ 가운데 음절의 약음 [ə]가 생략되어 [fé-dʒrəl] 'f페-쥬뤄어°'로 발음하기도 해요.

Minimal Pairs
: 끝소리에 따른 모음 소리 길이 비교

- 한 가지 음소를 제외하고 모든 발음 조건이 같은 두 단어를 minimal pair라고 합니다.
- 끝소리만 다른 minimal pair로 발음을 비교해 보세요. 끝소리가 무성음이면 모음 부분을 짧게, 유성음이면 모음 부분을 길게 발음합니다.
- 이때 모음 소리는 길이만 달라질 뿐 입 모양은 동일하게 유지해야 합니다. 꼭 기억하세요!

모음 음소 pink [ɪ]

bit – bid	[bɪt] - [bɪd]
	pink pink
pick – pig	[pɪk] - [pɪg]
	pink pink
hiss – his	[hɪs] - [hɪz]
	pink pink

모음 음소 red [e]

etch – edge	[etʃ] - [edʒ]
	red red
debt – dead	[det] - [ded]
	red red
tense – tens	[tens] - [tenz]
	red red

모음 음소 navy [ey]

H – age	[ey̲t̠ʃ] - [ey̲d̠ʒ] navy navy
race – raise	[rey̲s] - [rey̲z] navy navy
case – K's	[key̲s] - [key̲z] navy navy

모음 음소 green [iy]

neat – need	[niẏ̲t] - [niy̲d] green green
leaf – leave	[liy̲f] - [liy̲v] green green
fleece – flees	[fliy̲s] - [fliy̲z] green green

모음 음소 black [æ]

cap – cab	[kæ̲ṗ] - [kæ̲b] black black
at – add	[æ̲ṫ] - [æ̲d] black black
batch – badge	[bæ̲t̠ʃ] - [bæ̲d̠ʒ] black black

모음 음소 plum [ə]

duck – dug	[də̲k̇] - [də̲g] plum plum
once – ones	[wə̲ns] - [wə̲nz] plum plum
lunch – lunge	[lə̲nt̠ʃ] - [lə̲nd̠ʒ] plum plum

모음 음소 strawberry [ɔ]

loss – laws   [lɔs] - [lɔz]

<small>strawberry   strawberry</small>

floss – flaws   [flɔs] - [flɔz]

<small>strawberry   strawberry</small>

모음 음소 olive [a]

mop – mob   [map] - [mab]

<small>olive   olive</small>

not – nod   [nat] - [nad]

<small>olive   olive</small>

got – god   [gat] - [gad]

<small>olive   olive</small>

모음 음소 gold [ow]

rope – robe   [rowp] - [rowb]

<small>gold   gold</small>

gross – grows   [grows] - [growz]

<small>gold   gold</small>

close (adj.) – close (v.)   [klows] - [klowz]

<small>gold   gold</small>

모음 음소 blue [uw]

noose – news   [nuws] - [nuwz]

<small>blue   blue</small>

loose – lose   [luws] - [luwz]

<small>blue   blue</small>

use (n.) – use (v.)   [yuws] - [yuwz]

<small>blue   blue</small>

모음 음소 lime [ay]

ice – eyes

[ays] - [ayz]
 lime   lime

bright – bride

[brayṫ] - [brayd]
  lime   lime

advice – advise

[əd-váys] - [əd-váyz]
 plum lime   plum   lime

모음 음소 brown [aw]

house – how's

[haws] - [hawz]
  brown   brown

mount – mound

[maẇnt] - [mawnd]
  brown   brown

모음 음소 oyster [oy]

Joyce – joys

[dʒoys] - [dʒoyz]
  oyster   oyster

모음 음소 purple [ər]

hurt – heard

[hərṫ] - [hərd]
 purple   purple

spurt – spurred

[spərṫ] - [spərd]
  purple   purple

모음 음소 corn [or]

force – fours

[fors] - [forz]
  corn   corn

port – poured

[porṫ] - [pord]
  corn   corn

모음 음소 tart [ɑr]

heart – hard

cart – card

[hȧrt] - [hard]
<small>tart</small>   <small>tart</small>

[kȧrt] - [kard]
<small>tart</small>   <small>tart</small>

- 여러 개의 자음 소리가 연달아 나는 것을 연속자음이라고 합니다. 영어로는 blend 또는 cluster라고 하지요.
- 먼저 r이 공통으로 들어 있는 연속자음을 연습해 보겠습니다.
- [dr]은 [ʤr] '쥬r루', [tr]은 [ʧr] '츄r루'로 발음한다는 것 잊지 마세요!

br [br]

bread	[br<u>e</u>d]	부r뤠d
	red	
bright	[brɑyt]	부r롸잍
	lime	
brag	[br<u>æ</u>g]	부r뢔애g
	black	

cr [kr]

crow	[krow]	쿠r로우
	gold	
cream	[kriym]	쿠r뤼임
	green	
crust	[kr<u>ə</u>st]	쿠r뤄st
	plum	

dr [dʒr]

draw	[dʒrɔ̖]	은쥬r뤄어
	strawberry	
dress	[dʒres]	은쥬r뤠s
	red	
dream	[dʒriym]	은쥬r뤼임
	green	

fr [fr]

fry	[fray]	f푸r롸이
	lime	
from	[frə̖m]	f푸r럼
	plum	
fridge	[frɪ̖dʒ]	f푸r뤼~쥬
	pink	

gr [gr]

grow	[grow]	구r로우
	gold	
grab	[græb]	구r뢔아b
	black	
great	[greyt̖]	구r뤠잍
	navy	

kr [kr]

krill	[krɪ̖l]	쿠r뤼어°
	pink	
okra	[ów-krə̖]	오우-꾸r롸
	gold plum	
bankrupt	[bǽŋ-krə̖pt̖]	배앙-꾸r뤕t
	black plum	

pr [pr]

pray	[pr<u>ey</u>] _{navy}	푸r뤠이
pride	[pr<u>ay</u>d] _{lime}	푸r롸이d
problem	[pr<u>á</u>-bl<u>ə</u>m] _{olive plum}	푸r롸아-블럼

tr [ʧr]

tree	[ʧr<u>iy</u>] _{green}	은츄r뤼이
trick	[ʧr<u>ɪ</u>k] _{pink}	은츄r륔
trust	[ʧr<u>ə</u>st] _{plum}	은츄r뤄st

76강 연속자음 S Blends

• s로 시작되는 연속자음을 s blend라고 합니다.
• 된소리가 들어 있는 [st] '스뜨', [sp] '스쁘', [sk] '스끄' 발음에 유의하세요.

sc [sk]

score	[skor]	스**꼬**우얼
	corn	
disc	[dɪsk]	ㅈ디sk
	pink	

sk [sk]

skate	[skeyt]	스**께**잍
	navy	
basket	[bǽs-kɪt]	배아s-**낕**
	black	
sketch	[sketʃ]	스**께**~츄
	red	

sl [sl]

slim	[slɪm] _{pink}	슬림
slope	[slowp̓] _{gold}	슬로윺
asleep	[ə-sĺiyp̓] _{plum green}	어-슬리잎

sm [sm], [zm]

small	[smɔl] _{strawberry}	스머어°
smoke	[smowk̓] _{gold}	스모욱
prism	[prɪzm] _{pink}	푸r뤼z즘

sn [sn]

snail	[sneyl] _{navy}	스네이어°
snug	[snəg] _{plum}	스너g
snooze	[snuwz] _{blue}	스누우z

sp [sp]

speak	[spiyk̓] _{green}	스삐일
spare	[sper] _{air}	스뻬얼
crispy	[kŕɪs-piy] _{pink green}	쿠r뤼s-삐이

203

st [st]

step   [step̣]   스뗖
            red

instant   [ín-stənṭ]   인-스뜬t
            pink plum

student   [stúw-dənṭ]   스뚜우-런t
            blue plum

sw [sw]

swim   [swɪm]   스윔
            pink

swear   [swer]   스웨얼
            air

swipe   [swayp̣]   스와잎
            lime

- L이 들어간 연속자음을 연습할 때는 **'블르'**, **'블르'**, **'클르'**, **'클르'**와 같이 여러 번 반복하며 준비 운동을 먼저 해 보세요. 빠른 속도로 연결해야 음절이 나뉘는 것처럼 들리지 않고 자연스럽게 발음할 수 있습니다.

bl [bl]

blend	[blend]	블렌d
blink	[blɪ́ŋk]	블링k
black	[blǽk]	블래억

red

pink

black

cl [kl]

clay	[kley]	클레이
claw	[klɔ]	클러어
include	[ɪn-klúwd]	인-클루우d

navy

strawberry

pink   blue

205

fl [fl]

flow   [flow]   f플로우
                 gold

float   [flowt̪]   f플로읕
                 gold

flip   [flɪp̪]   f플맆
                 pink

gl [gl]

glow   [glow]   글로우
                 gold

glad   [glæd]   글래아d
                 black

glide   [glayd]   글라이d
                 lime

pl [pl]

plow   [plaw]   플라우
                 brown

plain   [pleyn]   플레인
                 navy

plot   [plat̪]   플라앝
                 olive

- 세 개의 글자가 연결되는 연속자음을 three-letter blend라고 합니다.
- str, spr, spl처럼 세 글자가 각각 소리를 내는 경우도 있고, thr, chr, phr, shr, sph처럼 글자는 세 개이지만 음소는 두 개로 이루어진 경우도 있습니다.

str [str]

street	[striy̠t] green	스쭈r뤼잍
stress	[stres] red	스쭈r뤠s
straight	[streyt] navy	스쭈r뤠잍

spr [spr]

spread	[spred] red	스쁘r뤠d
sprite	[sprayt] lime	스쁘r롸잍
spray	[sprey] navy	스쁘r뤠이

spl [spl]

split	[splɪt] _{pink}	스쁠렡
splint	[splɪnt] _{pink}	스쁠린t
splash	[splæʃ] _{black}	스쁠래아~슈

thr [θr]

throat	[θrowt] _{gold}	θ뚜r로욷
thrive	[θrɑyv] _{lime}	θ뚜r롸이v
thrift	[θrɪft] _{pink}	θ뚜r뤼ft

chr [kr]

chrome	[krowm] _{gold}	쿠r로움
chronicle	[krɑ-nɪ-kəl] _{olive pink plum}	쿠r롸-니-꺼°

phr [fr]

phrase	[freyz] _{navy}	f푸r뤠이z
Euphrates	[yuw-fréy-diyz] _{blue navy green}	유우-f푸r뤠이-리이z

shr [ʃr]

shrimp	[ʃrɪmp̣] pink	슈r림p
shrank	[ʃræŋk̇] black	슈r뢔앙k
shrug	[ʃrəg] plum	슈r뤄g

sph [sf]

sphere	[sfɪər] beer	스f피얼
asphalt	[æ̣s-fɔlt̄] black strawberry	애아s–f퍼어°t

연속자음
Ending Blends

- 단어의 끝에 있는 연속자음을 ending blend 또는 final blend라고 합니다.
- ld, lf, lp, lt와 같은 연속자음에서 [l]은 자음 앞에 있으므로 dark L로 발음합니다.

ct [kt]

act	[ækt] black	애**앜**t
product	[prɑ̀-dək̇t] olive plum	푸r롸아-**럭**t
eject	[ɪ-dʒek̇t] pink red	이-**쥌**t

ft [ft]

lift	[lɪft] pink	을리ft
soft	[sɔft] strawberry	써어ft
drift	[dʒrɪft] pink	은쥬r뤼ft

ld [ld]

fold	[fowld]	f포우°d
bald	[bɔld]	버어°d
build	[bɪld]	비어°d

- fold: gold
- bald: strawberry
- build: pink

lf [lf]★

self	[self]	쎄어°f
golf	[gɔlf]	거어°f
wolf	[wʊlf]	우오어°f

- self: red
- golf: strawberry
- wolf: cookie

lp [lp]

gulp	[gəlṗ]	거없
help	[helṗ]	헤없
kelp	[kelṗ]	케없

- gulp: plum
- help: red
- kelp: red

lt [lt]

belt	[belṫ]	베어°t
tilt	[tɪlṫ]	티어°t
adult	[ə-dəlṫ]	어-ㅈ더어°t

- belt: red
- tilt: pink
- adult: plum plum

★ half, calf와 같이 L이 묵음인 단어의 철자 lf는 [l] 소리가 없으므로 연속자음이 아닙니다.

211

mp [mp]

lamp	[læmṗ]	을래암p
	black	
damp	[dæmṗ]	ㅈ대암p
	black	
thump	[θəmṗ]	**θ떰p**
	plum	

nd [nd]

and	[ænd]	애**안**d
	black	
mind	[maynd]	음마인d
	lime	
wand	[wɑnd]	우와안d
	olive	

nk [ŋk]

sink	[sɪŋk̇]	**씽**k
	pink	
trunk	[tʃrəŋk̇]	은츄r**렁**k
	plum	
spank	[spæŋk̇]	스빼앙k
	black	

nt [nt]

aunt	[ɔnt]	어언t
	strawberry	
want	[wɑnt]	우와안t
	olive	
rent	[rent]	**r뤤**t
	red	

pt [pt]

opt	[ɑpt]	아앞t
tempt	[tempt] red	템pt
slept	[slept] red	슬렢t

rd [rd]

bird	[bərd] purple	벌d
card	[kɑrd] tart	카알d
yard	[yɑrd] tart	야알d

rk [rk]

ark	[ɑrk] tart	아알k
fork	[fork] corn	f포올k
remark	[rɪ-márk] pink tart	r뤄-마알k

sk [sk]

brisk	[brɪsk] pink	부r뤼sk
whisk	[wɪsk] pink	우위sk
mask	[mæsk] black	음매아sk

sp [sp]

lisp	[lɪsp̣]	을리sp
	pink	
grasp	[græsp̣]	구r래아sp
	black	
crisp	[krɪsp̣]	쿠r뤼sp
	pink	

st [st]

nest	[nesṭ]	은네st
	red	
cast	[kæsṭ]	캐아st
	black	
lost	[lɔsṭ]	을러어st
	strawberry	

이중글자 (Digraphs)

- 56강에서 공부한 write의 wr [r], rhyme의 rh [r]처럼 두 개의 글자가 하나의 소리를 내는 경우를 이중글자, digraph라고 합니다.
- 어떤 철자 조합은 이중글자일 때도 있고 연속자음일 때도 있습니다. 예를 들어 철자 sc는 scene에서는 [s] 소리, scare에서는 [sk] 소리로 발음합니다.

sc [s]

scene	[siyn]	씨인
	green	
scent	[sent]	쎈t
	red	

sh [ʃ]

shop	[ʃɑṗ]	슈아앞
	olive	
lush	[ləʃ]	을러어~슈
	plum	
wash	[wɑʃ]	우와아~슈
	olive	

ch [ʧ], [k]

choose	[ʧuwz] blue	은**츄**우z
orchid	[ór-kɪd] corn pink	오올–**끼**d
arch	[arʧ] tart	아알~**츄**

th [ð], [θ], [t]

there	[ðer] air	**ð**데얼
earth	[ərθ] purple	얼θ뜨
thyme	[taym] lime	**타**아임

wh [h], [w]

who	[huw] blue	**후**우
where	[wer] air	우**웨**얼
whale	[weyl] navy	우**웨**이어°

ph [f], [p]

phrase	[freyz] navy	f푸r뤠이z
phone	[fown] gold	f**포**운
shepherd	[ʃe-pərd] red purple	슈에–**뻘**d

gh [g], [f]

ghost	[gowst]	고우st
	gold	
laugh	[læf]	을래아f
	black	
cough	[kɔf]	커어f
	strawberry	

ng [ŋ]

song	[sɔŋ]	써엉
	strawberry	
strong	[strɔŋ]	스쭈r뤄엉
	strawberry	
cling	[klɪŋ]	클링
	pink	

ps [s]

psalm	[sɑm]	싸암
	olive	
psycho	[sáy-kow]	싸이-꼬우
	lime *gold*	
pseudo	[súw-dow]	쑤우-로우
	blue *gold*	

gn [n]

sign	[sayn]	싸아인
	lime	
design	[dɪ-záyn]	z드-z자아인
	pink *lime*	
gnaw	[nɔ]	은너어
	strawberry	

gm [m]

paradigm   [pé-rə-dɑym]   페-ʳ뤄-ㅈ다아**임**
                    red plum   lime

pn [n]

pneumonia   [nuw-mów-nyə]   은**누**우-모우-니어
                   blue   gold   plum

pneuma   [núw-mə]   은**누**우-마
              blue   plum

pneumatic   [nuw-mǽ-dɪk]   은**누**우-매아-릭
                 blue   black   pink

PART 4

총정리 QUIZ,
정답

총정리 QUIZ

1강 밑줄 친 부분의 발음이 나머지 셋과 다른 하나를 고르세요.

① recent<u>ly</u>　　② perfect<u>ly</u>　　③ late<u>ly</u>　　④ comple<u>tely</u>

2강-1 밑줄 친 부분이 [ʃ] 발음이 아닌 것을 고르세요.

① o<u>c</u>ean　　② spe<u>c</u>ial　　③ <u>c</u>ell　　④ spe<u>c</u>ies

2강-2 다음 중 강세 위치가 다른 단어를 고르세요.

① ocean　　② special　　③ precious　　④ crescendo

3강 각 단어의 음절의 개수를 적고, 강세가 있는 음절에 표시하세요.

① geography　（　　개）　　② choreography　（　　개）

③ photography　（　　개）　　④ cinematography　（　　개）

⑤ oceanography（　　개）

4강 밑줄 친 부분에 해당하는 모음 음소를 차례대로 적어 보세요.

① fr<u>ie</u>nd-l<u>y</u> [　　] - [　　]　　② r<u>a</u>-p<u>i</u>d-l<u>y</u> [　　] - [　　] - [　　]

5강-1 다음 중 ate의 발음이 나머지와 다른 것을 고르세요.

① chocolate　② desperate　③ simulate　④ certificate

5강-2 다음 중 한 가지로만 발음되는 단어를 고르세요.

① duplicate　② graduate　③ estimate　④ desperate

6강 각 단어의 음절의 개수를 적고, 강세가 있는 음절에 표시하세요.

① biology (개) ② ideology (개)

③ pathology (개) ④ anthology (개)

⑤ zoology (개)

8강 ge가 [ʤ]로 발음되지 않는 것을 고르세요.

① beige ② judge ③ bridge ④ edge

9강-1 밑줄 친 부분의 발음 기호를 [ʒ]와 [ʤ] 둘 중 하나로 써 보세요.

① ri**dge** [ ] ② colla**ge** [ ] ③ colle**ge** [ ]

④ gara**ge** [ ] ⑤ massa**ge** [ ] ⑥ messa**ge** [ ]

9강-2 다음 중 음절의 개수가 나머지와 다른 것을 고르세요.

① bridge ② rouge ③ collage ④ beige

11강-1 밑줄 친 u의 발음이 [yuw] '유우'가 아닌 것을 고르세요.

① sol**u**ble ② incl**u**de ③ val**u**e ④ vol**u**me

11강-2 밑줄 친 lu의 발음이 [lə] '을러'가 아닌 것을 고르세요.

① **lu**st ② abso**lu**te ③ **lu**nge ④ **lu**xury

12강 다음 중 t가 된소리로 발음되지 않는 것을 고르세요.

① strange ② stay ③ tree ④ steam

13강 kilometer, speedometer에서 나는 o 소리를 고르세요.

① gold [ow] ② plum [ə] ③ olive [ɑ] ④ blue [uw]

14강 다음 중 t가 묵음이 아닌 단어를 고르세요.

① debut   ② bouquet   ③ ballet   ④ ballot

15강 밑줄 친 부분의 [t] 발음이 나머지와 다른 것을 고르세요.

① at<u>t</u>ack   ② pat<u>t</u>ern   ③ wa<u>t</u>er   ④ sit<u>t</u>ing

16강 밑줄 친 ine의 발음이 나머지와 다른 단어를 고르세요.

① mach<u>ine</u>   ② mar<u>ine</u>   ③ exam<u>ine</u>   ④ maga<u>zine</u>

17강 밑줄 친 oo의 발음이 나머지와 다른 것을 고르세요.

① sh<u>oo</u>k   ② r<u>oo</u>t   ③ f<u>oo</u>d   ④ sh<u>oo</u>t

18강-1 다음 중 첫 음소가 soft c [s]인 단어를 고르세요.

① cell   ② care   ③ call   ④ cat

18강-2 밑줄 친 c가 hard c [k]인 단어를 고르세요.

① re<u>c</u>ipe   ② <u>c</u>ot   ③ <u>c</u>ity   ④ <u>c</u>yst

19강-1 밑줄 친 g가 soft g [ʤ]인 단어를 고르세요.

① ve<u>g</u>an   ② <u>g</u>ate   ③ <u>g</u>et   ④ <u>g</u>el

19강-2 밑줄 친 g가 hard g [g]인 단어를 고르세요.

① reli<u>g</u>ion   ② <u>g</u>um   ③ hu<u>g</u>e   ④ <u>g</u>ym

20강-1 다음 중 ex의 소리가 나머지와 다른 하나를 고르세요.

① exam   ② exhibit   ③ exercise   ④ exist

20강-2 다음 중 강세가 ex에 없는 단어를 고르세요.

① example　　② exit　　③ execute　　④ exhibition

21강 밑줄 친 부분의 모음 음소가 나머지와 다른 단어를 고르세요.

① boil　　② soul　　③ bowl　　④ toll

22강 밑줄 친 부분의 모음 음소가 나머지와 다른 단어를 고르세요.

① ball　　② Paul　　③ bowl　　④ call

23강 밑줄 친 부분에 해당하는 모음 음소를 차례대로 적어 보세요.

① pre-tti-est [ ] - [ ] - [ ]　　② sweet-est [ ] - [ ]

③ cut-est [ ] - [ ]　　④ jui-ci-est [ ] - [ ] - [ ]

24강 다음 중 qu의 발음이 나머지와 다른 것을 고르세요.

① quit　　② quarter　　③ quote　　④ quiche

25강 밑줄 친 부분의 발음이 나머지와 다른 것을 고르세요.

① city　　② lily　　③ pretty　　④ lady

27강 밑줄 친 부분의 음소가 나머지와 다른 단어를 고르세요.

① tardy　　② thirty　　③ sturdy　　④ nerdy

28강 밑줄 친 부분의 음소가 나머지와 다른 것을 고르세요.

① mirror　　② sore　　③ stirrer　　④ error

29강 다음 중 강세의 위치가 나머지와 다른 것을 고르세요.

① common　②　hammer　③ connect　④ channel

30강 밑줄 친 부분의 모음 음소 순서가 [or] - [ər]이 아닌 단어를 고르세요.

① sh<u>or</u>t<u>er</u>　②　w<u>ar</u>m<u>er</u>　③ m<u>or</u>t<u>ar</u>　④ m<u>ur</u>d<u>er</u>

31강 다음 중 [l] 소리가 나머지와 다른 하나를 고르세요.

① milk　②　skill　③ filter　④ slim

32강 al의 소리가 나머지와 다른 단어를 고르세요.

① alphabet　②　almond　③ album　④ alcohol

33강 밑줄 친 부분의 [d] 소리가 묵음이 될 수 없는 단어를 고르세요.

① san<u>d</u>wich　②　Mon<u>d</u>ay　③ han<u>d</u>made　④ lan<u>d</u>fill

34강 다음 중 음절이 하나가 아닌 것을 고르세요.

① cow　②　town　③ meow　④ browse

35강 밑줄 친 d 소리가 나머지와 다른 것을 고르세요.

① <u>d</u>ream　②　<u>d</u>raw　③ <u>d</u>awn　④ <u>d</u>rip

36강 밑줄 친 t의 소리가 나머지와 다른 것을 고르세요.

① <u>t</u>ree　②　<u>t</u>welve　③ en<u>t</u>ry　④ in<u>t</u>eresting

37강 다음 중 ary의 발음이 나머지와 다른 것을 고르세요.

① boundary　②　salary　③ library　④ summary

38강 다음 중 rth의 발음이 나머지와 다른 것을 고르세요.

① forth　　　② further　　　③ northern　　　④ farther

39강 밑줄 친 부분이 [t]의 약음 'ㄹ'로 발음되지 않는 것을 고르세요.

① little　　　② settle　　　③ gentle　　　④ beetle

40강 밑줄 친 h가 묵음인 단어를 고르세요.

① heir　　　② help　　　③ handful　　　④ huge

41강 밑줄 친 부분의 소리가 된소리로 발음되지 않는 것을 고르세요.

① spa　　　② split　　　③ spray　　　④ suppose

42강 밑줄 친 t의 소리가 나머지와 다른 것을 고르세요.

① stay　　　② still　　　③ stream　　　④ storm

43강 밑줄 친 부분의 소리가 된소리로 발음되지 않는 것을 고르세요.

① ski　　　② school　　　③ score　　　④ castle

44강 밑줄 친 부분의 소리가 나머지와 다른 것을 고르세요.

① approve　　② application　③ appreciate　④ apply

45강 밑줄 친 부분에 해당하는 모음 음소를 차례대로 적어 보세요.

gui-nea pig [　　] - [　　] - [　　]

46강 밑줄 친 부분에 해당하는 모음 음소를 차례대로 적어 보세요.

speed li-mit [　　] - [　　] - [　　]

47강 밑줄 친 부분에 해당하는 모음 음소를 차례대로 적어 보세요.

see-ing [　　] - [　　]

48강 각 단어의 음절의 개수를 써 보세요.

① ability 　　(　　개)　　② community (　　개)

③ responsibility (　　개)　　④ reality 　　(　　개)

49강 밑줄 친 부분의 소리가 나머지 셋과 다른 것을 고르세요.

① chord　　② warm　　③ sugar　　④ quart

50강 밑줄 친 음소가 나머지 셋과 다른 것을 고르세요.

① quarter　　② standard　　③ aborting　　④ border

51강-1 밑줄 친 부분에 강세가 없는 것을 고르세요.

① interior　　② museum　　③ coyotes　　④ diabetes

51강-2 밑줄 친 e의 소리가 나머지와 다른 것을 고르세요.

① cafeteria　　② inferior　　③ Socrates　　④ criteria

52강 [uw] 음소는 [uw]와 [yuw]로 나뉩니다. 밑줄 친 부분의 소리를 적어 보세요.

① cute 　　 [　　]　　② shoe 　　 [　　]

③ view 　　 [　　]　　④ zoom 　　 [　　]

⑤ mute 　　 [　　]　　⑥ include 　 [　　]

⑦ rude 　　 [　　]　　⑧ argue 　　 [　　]

53강-1 밑줄 친 ch의 소리가 나머지와 다른 것을 고르세요.

① chorus　　② chute　　③ chef　　④ chaise

53강-2 밑줄 친 ch의 음소를 써 보세요.

① chute　[　]　② scheme　[　]　③ anchor　[　]

④ ostrich　[　]　⑤ brochure　[　]　⑥ choir　[　]

54강-1 o는 총 몇 가지 소리가 나나요?　(　　개)

54강-2 밑줄 친 o의 소리가 나머지와 다른 것을 고르세요.

① gone　　② done　　③ soft　　④ boss

54강-3 밑줄 친 o의 소리가 나머지와 다른 것을 고르세요.

① long　　② color　　③ other　　④ mother

54강-4 밑줄 친 o의 소리가 나머지와 다른 것을 고르세요.

① close　　② gold　　③ comb　　④ tomb

56강 밑줄 친 부분의 음소가 나머지와 다른 것을 고르세요.

① rhyme　　② robot　　③ wrap　　④ will

57강-1 밑줄 친 부분의 음소가 나머지와 다른 것을 고르세요.

① whom　　② would　　③ what　　④ one

57강-2 밑줄 친 qu의 소리가 나머지와 다른 것을 고르세요.

① quiet　　② quiche　　③ question　　④ quite

58강 밑줄 친 a 소리가 나머지와 다른 것을 고르세요.

① st<u>a</u>ble   ② li<u>a</u>ble   ③ do<u>a</u>ble   ④ port<u>a</u>ble

59강-1 밑줄 친 ar의 소리가 나머지와 다른 것을 고르세요.

① leot<u>ar</u>d   ② doll<u>ar</u>   ③ nect<u>ar</u>   ④ sol<u>ar</u>

59강-2 밑줄 친 ar의 소리가 나머지와 다른 것을 고르세요.

① mol<u>ar</u>   ② stand<u>ar</u>d   ③ simil<u>ar</u>   ④ reg<u>ar</u>d

60강 밑줄 친 부분을 확실히 발음하는 것을 고르세요.

① doub<u>t</u>ful   ② stre<u>ss</u>ful   ③ min<u>d</u>ful   ④ han<u>d</u>ful

61강 다음 중 음절의 개수가 나머지와 다른 것을 고르세요.

① evilness   ② paleness   ③ bottleful   ④ hazelnut

62강 밑줄 친 부분의 소리가 나머지와 다른 것을 고르세요.

① superm<u>a</u>n   ② dolm<u>a</u>n   ③ freshm<u>a</u>n   ④ chairm<u>a</u>n

63강-1 밑줄 친 oe의 소리가 나머지와 다른 것을 고르세요.

① al<u>oe</u>   ② am<u>oe</u>ba   ③ ob<u>oe</u>   ④ t<u>oe</u>

63강-2 다음 중 음절의 개수가 나머지와 다른 것을 고르세요.

① poem   ② coed   ③ oboe   ④ does

64강-1 밑줄 친 t의 소리가 약음이 되는 것을 고르세요.

① visi<u>t</u>or   ② pas<u>t</u>or   ③ men<u>t</u>or   ④ adap<u>t</u>or

64강-2 밑줄 친 t의 소리가 된소리가 되는 것을 고르세요.

① alliga<u>t</u>or ② preda<u>t</u>or ③ fac<u>t</u>or ④ cura<u>t</u>or

64강-3 다음 중 음절의 개수가 나머지와 다른 것을 고르세요.

① alligator ② visitor ③ adaptor ④ predator

65강 밑줄 친 b의 발음이 묵음이 아닌 것을 고르세요.

① slum<u>b</u>er ② su<u>b</u>tle ③ plum<u>b</u>er ④ dou<u>b</u>t

66강-1 밑줄 친 부분의 소리가 나머지와 다른 것을 고르세요.

① cer<u>tain</u> ② car<u>ton</u> ③ con<u>tain</u> ④ ki<u>tten</u>

66강-2 밑줄 친 부분의 소리가 나머지와 다른 것을 고르세요.

① ob<u>tain</u> ② main<u>tain</u> ③ at<u>tain</u> ④ moun<u>tain</u>

67강-1 다음 중 음절의 개수가 나머지와 다른 것을 고르세요.

① perpetual ② punctual ③ habitual ④ spiritual

67강-2 밑줄 친 부분의 소리가 나머지와 다른 것을 고르세요.

① vi<u>sual</u> ② u<u>sual</u> ③ sen<u>sual</u> ④ ca<u>sual</u>

68강-1 밑줄 친 [l] 소리가 dark L에서 light L로 변하는 것을 고르세요.

① dea<u>l</u> ② cal<u>l</u> me ③ cal<u>l</u> us ④ stea<u>l</u> them

68강-2 밑줄 친 [l] 소리가 dark L에서 light L로 변하지 않는 것을 고르세요.

① fi<u>ll</u>ing ② fi<u>ll</u> in ③ fi<u>ll</u> us ④ fi<u>ll</u>ed

69강-1 밑줄 친 y의 소리가 green의 [iy] 소리인 것을 모두 고르세요.

① candy　　　② rhythm　　　③ typical　　　④ biology

69강-2 밑줄 친 y의 소리가 pink의 [ɪ] 소리인 것을 모두 고르세요.

① acrylic　　　② kitty　　　③ rhythm　　　④ candy

70강 밑줄 친 부분의 소리가 나머지와 다른 것을 고르세요.

① victory　　　② battery　　　③ lateral　　　④ federal

71강-1 밑줄 친 t의 소리가 생략되지 않는 것을 고르세요.

① internet　　　② interpret　　　③ invented　　　④ interview

71강-2 밑줄 친 t의 소리가 생략되는 것을 고르세요.

① integrate　　　② anticipate　　　③ fantastic　　　④ particular

72강 밑줄 친 모음 음소가 생략되지 않는 것을 고르세요.

① history　　　② probably　　　③ acrylic　　　④ business

73강-1 밑줄 친 부분의 소리가 약음이 되지 않는 것을 고르세요.

① metal　　　② winter　　　③ twitter　　　④ puddle

73강-2 빈칸에 각 단어와 발음이 같은 동음이의어를 써 보세요.

① metal　(　　　　　　)　② ladder　(　　　　　　　)

③ pedal　(　　　　　　)　④ putting　(　　　　　　　)

74강 각 단어 끝소리의 음소를 적고, 무성음인지 유성음인지 써 보세요.

① bit　　（　　，　　）　② need　　（　　，　　）

③ leaf　　（　　，　　）　④ lease　　（　　，　　）

⑤ flees　 （　　，　　）　⑥ fleece　（　　，　　）

⑦ etch　　（　　，　　）　⑧ his　　　（　　，　　）

⑨ K's　　（　　，　　）　⑩ rope　　（　　，　　）

⑪ spurt　（　　，　　）　⑫ poured　（　　，　　）

75강-1 밑줄 친 부분이 연속자음(blend)이 아닌 것을 고르세요.

① <u>br</u>ow　　② <u>dr</u>ess　　③ <u>wr</u>ite　　④ <u>sk</u>irt

75강-2 각 단어의 음절의 개수를 써 보세요.

① grow　　　（　　개）　② great　　（　　개）

③ bankrupt　（　　개）　④ trick　　（　　개）

76강-1 밑줄 친 부분이 연속자음(blend)이 아닌 것을 고르세요.

① di<u>sc</u>　　② <u>sc</u>ore　　③ <u>sc</u>ary　　④ <u>sc</u>ent

76강-2 각 단어의 음절의 개수를 써 보세요.

① basket　（　　개）　② sketch　（　　개）

③ prism　　（　　개）　④ slope　　（　　개）

77강-1 다음 중 연속자음(blend)이 두 개가 아닌 것을 고르세요.

① blend　　② include　　③ blink　　④ thrift

77강-2 각 단어의 음절의 개수를 써 보세요.

① plain (개) ② float (개)

③ glide (개) ④ include (개)

78강-1 밑줄 친 부분이 연속자음(blend)이 아닌 것을 고르세요.

① s<u>tr</u>eet ② <u>th</u>eme ③ <u>phr</u>ase ④ <u>thr</u>oat

78강-2 각 단어의 음절의 개수를 써 보세요.

① asphalt (개) ② straight (개)

③ thrive (개) ④ sprite (개)

⑤ chronicle (개)

79강-1 밑줄 친 부분이 연속자음(blend)이 아닌 것을 고르세요.

① produc<u>t</u> ② hel<u>p</u> ③ bal<u>d</u> ④ blac<u>k</u>

79강-2 다음 중 음절의 개수가 나머지와 다른 것을 고르세요.

① grasp ② whisk ③ brisk ④ adult

80강-1 밑줄 친 부분이 이중글자(digraph)가 아닌 것을 고르세요.

① or<u>ch</u>id ② ear<u>th</u> ③ bri<u>ck</u> ④ ba<u>nk</u>

80강-2 밑줄 친 부분이 이중글자(digraph)인 것을 모두 고르세요.

① lef<u>t</u> ② <u>gn</u>aw ③ ar<u>ch</u> ④ a<u>rk</u>

정답

1강 ② perfectly: '끌리이', 나머지는 '틀리이'

2강-1 ③ cell: [s]

2강-2 ④ crescendo: 두 번째 음절에 강세, 나머지는 첫 음절에 강세

3강 ① 4개 / ② 5개 / ③ 4개 / ④ 6개 / ⑤ 5개, 모두 –ography의 o가 있는 음절에 강세

4강 ① red [e] – green [iy] / ② black [æ] – pink [ɪ] – green [iy]

5강-1 ③ stimulate: '에잍', 나머지는 '잍'

5강-2 ④ desperate

6강 ① 4개 / ② 5개 / ③ 4개 / ④ 4개 / ⑤ 4개, 모두 –ology의 첫 o에 강세

8강 ① beige: [ʒ]

9강-1 ① [dʒ] / ② [ʒ] / ③ [dʒ] / ④ [ʒ] / ⑤ [ʒ] / ⑥ [dʒ]

9강-2 ③ collage: 2개, 나머지는 1개

11강-1 ② include: [uw] '우우'

11강-2 ② absolute: [uw] '우우'

12강 ③ tree: [tʃ], 나머지는 [t] 된소리

13강 ③ olive [ɑ]

14강 ④ ballot

15강 ① attack: [t] 원래 소리, 나머지는 약음 'ㄹ'

16강 ③ examine: [ɪn], 나머지는 [iyn]

17강 ① shook: [ʊ], 나머지는 [uw]

18강-1 ① cell: [s], 나머지는 hard c [k]

18강-2 ② cot: [k], 나머지는 soft c [s]

19강-1 ④ gel: [dʒ], 나머지는 hard g [g]

19강-2 ② gum: [g], 나머지는 soft g [dʒ]

20강-1 ③ exercise: [eks], 나머지는 [ɪgz]

20강-2 ① example: 두 번째 음절에 강세

21강 ① boil: [oy], 나머지는 [ow]

22강 ③ bowl: [ow], 나머지는 [ɔ]

23강 ① pink [ɪ] – green [iy] – pink [ɪ] / ② green [iy] – pink [ɪ]
　　　　③ blue [yuw] – pink [ɪ] / ④ blue [uw] – green [iy] – pink [ɪ]

24강 ④ quiche: [k], 나머지는 [kw]

25강 ② lily: [liy], 나머지는 약음 [diy]

27강 ① tardy: [ɑr], 나머지는 [ər]

28강 ② sore: [or], 나머지는 [ər]

29강 ③ connect: 두 번째 음절에 강세, 나머지는 첫 음절에 강세

30강 ④ murder: [ər] – [ər]

31강 ④ slim: light L, 나머지는 dark L

32강 ② almond: [ɔl] 또는 [ɑ(l)]

33강 ② Monday

34강 ③ meow: [miy–ɑw]

35강 ③ dawn: [d], 나머지는 [dʒ]

36강 ② twelve: [t], 나머지는 [tʃ]

37강 ③ library: [e–riy], 나머지는 [ə–riy]

38강 ① forth: [rθ], 나머지는 [rð]

39강 ③ gentle: [t] 원래 소리

40강 ① heir

41강 ④ suppose

42강 ③ stream: '쭈', 나머지는 된소리 '뜨'

43강 ④ castle: [k] 원래 소리

44강 ② application: [p] 된소리 '쁘', 나머지는 [p] 원래 소리

45강 pink [ɪ] – green [iy] – pink [ɪ]

46강 green [iy] – pink [ɪ] – pink [ɪ]

47강 green [iy] – pink [ɪ]

48강 ① 4개 / ② 4개 / ③ 6개 / ④ 4개

49강 ③ sugar: [ər], 나머지는 [or]

50강 ② standard: [ər], 나머지는 [or]

51강-1 ③ coyotes: yo에 강세

51강-2 ③ Socrates: [iy], 나머지는 [ɪ]

52강 ① [yuw] / ② [uw] / ③ [yuw] / ④ [uw]
⑤ [yuw] / ⑥ [uw] / ⑦ [uw] / ⑧ [yuw]

53강-1 ① chorus: [k], 나머지는 [ʃ]

53강-2 ① [ʃ] / ② [k] / ③ [k] / ④ [tʃ] / ⑤ [ʃ] / ⑥ [kw]

54강-1 6개: 모음 소리 [ow], [ɑ], [ə], [ɔ], [uw], 자음 소리 [w]

54강-2 ② done: [ə], 나머지는 [ɔ]

54강-3 ① long: [ɔ], 나머지는 [ə]

54강-4 ④ tomb: [uw], 나머지는 [ow]

56강 ④ will: [w], 나머지는 [r]

57강-1 ① whom: [h], 나머지는 [w]

57강-2 ② quiche: [k], 나머지는 [kw]

58강 ① stable: [ey], 나머지는 [ə]

59강-1 ① leotard: [ɑr], 나머지는 [ər]

59강-2 ④ regard: [ɑr], 나머지는 [ər]

60강 ② stressful: [s]를 확실히 발음, 나머지는 소리가 들리지 않게 발음

61강 ② paleness: 2개, 나머지는 3개

62강 ① superman: [æ], 나머지는 [ə]

63강-1 ② amoeba: [iy], 나머지는 [ow]

63강-2 ④ does: 1개, 나머지는 2개

64강-1 ① visitor: 약음 'ㄹ', ②, ④는 된소리 'ㄸ', ③은 [t] 원래 소리

64강-2 ③ factor: 된소리 'ㄸ', 나머지는 약음 'ㄹ'

64강-3 ① alligator: 4개, 나머지는 3개

65강 ① slumber

66강-1 ③ contain: [teyn], 나머지는 [tn] '응!'

66강-2 ④ mountain: [tn] '응!', 나머지는 [teyn]

67강-1 ② punctual: 3개, 나머지는 4개

67강-2 ③ sensual: [ʃuw], 나머지는 [ʒuw]

68강-1 ③ call us: [l] 소리가 모음과 연결되어 light L, 나머지는 자음 앞에 있어서 dark L

68강-2 ④ filled: [l] 소리가 자음 앞에 있어서 dark L, 나머지는 모음과 연결되어 light L

69강-1 ①, ④: green [iy], 나머지는 pink [ɪ]

69강-2 ①, ③: pink [ɪ], 나머지는 green [iy]

70강 ① victory: 된소리 'ㄸ', 나머지는 약음 'ㄹ'

71강-1 ② interpret: [t] 원래 소리, 나머지는 생략 가능

71강-2 ① integrate: 생략 가능, 나머지는 [t] 원래 소리

72강 ③ acrylic: pink [ɪ], 나머지는 생략 가능

73강-1 ② winter: [t] 원래 소리, 나머지는 약음 'ㄹ'

73강-2 ① medal / ② latter / ③ petal / ④ pudding

74강 ① [t], 무성음 / ② [d], 유성음 / ③ [f], 무성음 / ④ [s], 무성음
⑤ [z], 유성음 / ⑥ [s], 무성음 / ⑦ [ʧ], 무성음 / ⑧ [z], 유성음
⑨ [z], 유성음 / ⑩ [p], 무성음 / ⑪ [t], 무성음 / ⑫ [d], 유성음

75강-1 ③ write: 'wr'은 [r] 하나의 소리로 이중글자, 나머지는 연속자음

75강-2 ① 1개 / ② 1개 / ③ 2개 / ④ 1개

76강-1 ④ scent: 'sc'는 [s] 하나의 소리로 이중글자, 나머지는 연속자음

76강-2 ① 2개 / ② 1개 / ③ 1개 / ④ 1개

77강-1 ② include: 'cl'만 연속자음, 나머지는 앞뒤로 연속자음 두 개

77강-2 ① 1개 / ② 1개 / ③ 1개 / ④ 2개

78강-1 ② theme: [θ] 하나의 소리로 이중글자, 나머지는 연속자음

78강-2 ① 1개 / ② 1개 / ③ 1개 / ④ 1개 / ⑤ 3개

79강-1 ④ black: [k] 하나의 소리로 이중글자, 나머지는 연속자음

79강-2 ④ adult: 2개, 나머지는 1개

80강-1 ④ bank: 연속자음, 나머지는 이중글자

80강-2 ②, ③: 이중글자, 나머지는 연속자음

수고하셨습니다.
모두 다 맞았다면 이 책을 지인에게 물려주세요.
한 개라도 틀렸다면 다 맞는 그날까지 복습!